# 物語が始まるとき

共創教育の現場から

青木幸子

春風社

# 物語が始まるとき　共創教育の現場から

# 目次

## 第二部　ラジオドラマが生まれる……73

# 第一部　教師として生きる――私の「ことばが劈かれるとき」

誰が風を見たでしょう
僕もあなたも見やしない
けれど木の葉を　ふるわせて
風は通りぬけてゆく

（クリスティナ・ロセッティ　西條八十訳）

## 風を見た日

ありふれた日常の中で、いきなり、ふっと浮かび上がってくる一つの光景。あれは、私が高校三年の十月、風の強い日だった。一時間目の現代文の授業だった。校庭を吹き抜ける風を見ながら、私が大好きだった国語の高富先生が、いきなりこう語り始めた。「みなさんは、こんな詩を知っていますか？　あはれ　秋風よ、情（こころ）あらば伝えてよ、

男ありて　今日の夕餉に　ひとり　さんまを食らいて　思いにふける　と」。それは、佐藤春夫「秋刀魚の歌」だった。いつもの穏やか先生の語りだった。なのに、なぜか私の胸はザワつき始めた。二時間目の化学実験の硫酸銅の青さは、ますます私を不安にさせた。「具合が悪いので早退させてください」。学校にいることが辛くなった私は担任に嘘をつき、バスに飛び乗った。

どっどど　どどうど　どどうど　どどう
青いくるみも吹きとばせ
すっぱいかりんも吹きとばせ
どっどど　どどうど　どどうど　どどう

風を見つめる私の胸の中で、なぜか「風の又三郎」の最初の詩が、何度もくりかえされた。

哀しい予感は見事に的中した。帰った私を待っていたのは「父の失踪」という出来事だった。前の夜、父の女性関係をめぐり両親が激しく言い争っていた。テーブルの上に父からの手紙が残されていた。「これから、いろいろなことが起こるんだろうなあ」。妙に冷静に心の中でつぶやく私がいた。たくさんの人が家を出入りする、居心地の悪い日々。弟と私は息をひそめ、毎日をやりすごしていた。哀しみと、苛立ちの中にあっても、思春期特有の「誇り高さ」だけが私を支えていた。そんな家族の出来事を、私は誰にも言わなかった。誰にも話してはいけない気がしていたから。

父の失踪から数日後、帰宅した私に母は、突然こう言った。「明日の朝引っ越すよ、下宿決めたからね」。唖然としている私に、母は続けた。「あっこちゃんの下宿先。岡さんのところに、頼みに行ったから。荷物運びは、工事のおじさんが手伝ってくれるから」。親友のあっこちゃんは父親の転勤の関係で、高校近くの農家の二階に下宿していた。「隣の部屋に下宿していた高校生が先週引っ越したのでさびしい。さっちん下宿しない？　って誘われた」。そんな話を母にしたことがあった。困惑する私を尻目に、母は布団袋を広げどんどん指示を出す。そして、こう言った。「社宅の向こうで、建物の工事やってるところあるよね。あそこに工事している人たちがすむ飯場があるでしょ。そこのおじさんに頼みにいったから」。翌朝五時前、真っ暗な中にやってきた軽トラックに、机と布団袋、電気ストーブ、勉強道具だけを詰め込んだ。五分もかからなかったと思う。母に見送られ、私は二人のおじさんと一緒に下宿に向かった。運転しながら、おじさんたちはこう言った。

「嬢ちゃん、お母さんに感謝せえよ。あんたのお母さんは、勇気がある。見ず知らずの俺たちの飯場にきて、娘を助けてくださいと何度も何度も頭をさげちゃったんぞ。ええか、お母さんのためにも、がんばらんといかんぞ」

トラックの窓の外、もやの向こうに青く浮かぶ木々。切り絵のようだと思ったときに、風がさーっと吹き始めた。つんとした冷気が車の中に入ってきて、涙がぼろぼろ止まらなくなった。

父は、やさしい、まじめな人だった。敗戦後韓国から引き上げ、一転した生活の中で、懸命に努力し生きてきた人だった。高校時代、土方のバイトをしてたから、父さんは背が伸びなかったと笑って話していた。小学校の遠足の時、お弁当と電車賃のことを祖母に言い出せず、お昼ご飯の時、近くに停まってた駐留軍のジープで寝ころんでいた。そしたら、アメリカ兵が父さんの家の近くまでジープで送ってくれたんだ、友だちにうらやましがられてね…。晩酌をしながらの苦労話は、いつも素敵な物語に変わっていった。若い父だった。私は父が二〇歳の時の子どもだったから、小学校の時、担任に「あなたは、お母さんの連れ子？」と失礼な質問をされたこともあった。自転車の後ろに乗っけていろいろなところに連れて行ってくれた。潮干狩り、ミカン狩り。家族のことで苦労して大きくなった父は、幸せな家庭をつくろうと一生懸命に頑張っていた。そんな父が、ある日「幻の光」に誘われて、日常から逃走してしまった。大人になった私は、父の失踪事件を、今そんな風に考えている。

下宿生活が始まり、私は勉強に没頭した。でも、ふっと意識がゆるむと母と弟の姿が浮かんだ。私は弟が大好きだった。小さい時からまっすぐでけなげで、そんな弟をひそかに尊敬していた。山に植物採集にいくとき、秘密基地をつくるとき、土管くぐりをするとき、どんなささやかなことでも、普通の人がひるんでしまいそうなことでも、弟は、がむしゃらに取り組む子だった。そして、誰に対しても全力で親切にできる子だった。だから、父の失踪事件の時も、母や私のことを心配して、自分の悲しみや辛さを一度も口にしなかった。そう思うと自分だけ下宿していることが申し訳なかった。

あれは、私の誕生日だった。下宿先に突然弟がやってきて、「お母さんから」と言ってショートケーキを差し出した。「姉ちゃん、がんばってね」。そう言って、自転車に飛び乗り、田んぼの畔道を引き返して行った。その弟から、今年の私の誕生日に手紙が届いた。

「…あれからもう四〇年の時が過ぎたんですね。自分も断片的な記憶ですが覚えています。夕方、母さんから、ケーキを持って行ってくれないかと頼まれ、当時、前に籠のついたママチャリで姉ちゃんのところまで行ったと思います。薄暗い道、自転車の仄かな光、舗装もままならぬでこぼこ道をケーキが崩れぬように慎重に…割とスムーズに姉ちゃんが下宿していた農家に着いたとき、姉ちゃんはとっても喜んで、二階にあった部屋に招き入れてくれました。狭い部屋に勉強机と教科書と参考書とスタンドと。無機質な、がらんとした部屋の中で、電気ストーブが灯っていました。なぜかわからないけど、見てはいけない人の生活を見、なぜかわからないけど、不憫に感じ、そんな自分の感情に触れぬ前に早く出ねばと、せっかく来てくれたんだからもう少しゆっくりして…という姉ちゃんの言葉を断ち切って自転車に飛び乗ったことを覚えています。さよならも、元気でも、誕生日おめでとうも、なんの言葉も言えないまま、自転車をこぎながら、自分の背中が小刻みに震えていたことを今も覚えています。…何度か今まで手紙を書いたのですが、渡さずに捨てました。でも、今回は診療中に書いた手紙を同封します。あの時の誕生日おめでとうもこめて…」

「父の失踪事件」は二ヶ月少しで、あやふやな解決を迎え、それまでと同じような日常が繰り返されていった。「底つき」と思った日々の中でも、私を支えてくれる人のために頑張らねばならないと、勉強だけはあきらめなかった。あのひたむきに過ごした日々は、今も私の中の小さな誇りだ。

だから、大学合格は私にとって、たくさんの人への恩返しの意味が大きかった。すべてをかけて私を守ってくれた母への、そして弟への、叔母たちへの、また同時に、家の事情で九大進学を断念した父への。そんな他者の思いを背負っての大学生活は、喜びも哀しみもすべてひっくるめて、深く、豊かなものだった。

## 友を、言葉を失ったとき〜夜はかっぱえびせんが響くと〜

合格で浮かれていたのもつかの間、大学に入学して二年後、私は突然、言葉を失った。自分の思いを気持ちを素直に発する言葉を。それは、親友清子ちゃんを失ったことから始まった。

大学に入り一番うれしかったこと、それは、下宿で大親友ができたことだった。宮崎出身の清子ちゃんは、小柄で笑顔が抜群で、テニスが上手な少女だった。総勢八人の北原下宿は、部屋の広さもばらばらで、共同の炊事場とトイレがあり、お風呂は二日に一度、一階に住む大家さんのをお借りするという下宿だった。清子ちゃんの部屋は三畳と狭く、荷物を置いたらいっぱいだった。そこで、勉強するのも寝るのも全て私の部屋での共同生活が始まった。高校まで新体操部だった私がいきなりテニス部に入部したのも、清子ちゃんに誘われたからだった。文学部と教育学部の授業の時だけ別で、あとは、朝から放課後の部活まで、二四時間清子ちゃんと一緒だった。そんな清子ちゃんとの関係が変わるきっかけが、当時まだくすぶっていた学生運動だった。「国文学科に樋口君っていうものすごい素敵な人がいるっちゃわー」。そう聞かされた数日後、キャンパスで樋口君に出会った。恐れを知らないまっすぐな瞳、自信に満ちた語り口、私は怖かった。なんの根拠もないのに、私の心はざわめいた。けれど、それを清子ちゃんには言えなかった。

予感は的中した。それから清子ちゃんはどんどん変わっていった。被差別部落に関する解放同盟の集い、識字教室、第四インターの集まり、デモにも参加を始めた。テニス部の仲間は必死に清子ちゃんを説得した。世の中にはいろいろなものの見方考え方があるんだ、清子ちゃんの発想は偏ってると。それぞれの地域にある部落解放運動のセクト内の問題を話したり、むずかしい制度論、イデオロギー、哲学を俎上にのせての大論争の中で、私一人、何も語る言葉を持たなかった。そんな自分が情けなかった。頑なに反論する清子ちゃんのそばで、ただただ涙を流すばかり。私は言葉がしゃべれない、語る言葉が私の中にはなんにもない、遠くにいってしまう清子ちゃんをひきとめたいのに、それを語る言葉がない。毎晩、テニス部の仲間が集まり、清子ちゃんをめぐる話し合いが続いた。張りつめた空気と時間の中で、私は自分がどんどん消えてなくなってしまうような気がした。

激しいやりとりのさなか、私の中に、ふっと清子ちゃんが、かつて発した言葉がよみがえった。「あのね、さっちん。少し前まではね、こんなふうに風がそよいで木の葉がゆれるの見て、幸せって思ってたけど、それは、本当の幸せじゃあないんだよ」「えっ、どうして?」「世界中の、ううん、日本中に、辛い、苦しい生活をしている人がたくさんいるんだよ、今この瞬間に。そんな人がいるのに、風のそよぎを幸せって感じるのは、まちがいなんだよ」。清子ちゃんと一緒に過ごしたたくさんの日々、あれは、本当の幸せではなかった…きっぱり言われた哀しさで、私の心はこなごなになった。このとき、私は友との永遠の別れが近いことを心のどこかで予感していた。

話し合いは決裂し、清子ちゃんは、部活をやめ、大学も休学した。最後に、清子ちゃんはこう言った。「さっちん、さっちんはいつまでも変わらないでね。一緒にすごした時間のこと、私、絶対に忘れないから。そして…さっちんは、学生運動に入らないでね」。一瞬だけ、昔と同じ笑顔を見せて、清子ちゃんはいなくなってしまった。それから、二度、清子ちゃんを見かけた。一度は大学で。門の前に看板を立て「KILL HIROHITO」と叫んでいた。そして、最後は博多駅の雑踏の中で。私が福岡を去る日だった。「さっちん!」と呼ぶ声に振り向くと、そこにはおなかの大きい清子ちゃんがいた。「さっちん、元気でね」。そういって足早に去っていった。あれが清子ちゃんを見た最後だった。

言葉をなくした私は必死になって手がかりを求めた。友だちにも先輩にも相談した。でも、本気で取り合ってもらえなかった。思いが言葉にならないということ、いやもっと言えば、思いが混沌として言語化できない苦しさをうまく説明することができなかった。時間がたてば、哀しみは薄らぐ、どこかでそう聞いたことがある。でも、それは違うとわかった。表面の傷は癒えたように見えても、心の傷はどんどん深まっていく。そんな時だった、教育心理学科の先輩から卒論の手伝いをしてくれないかと声がかかったのは。

先輩の卒業論文のテーマは「家族に対する幼児の認識の変容」だった。幼児の描いた家族の絵と語りから、それを読み解き、分析していく試みだった。私たちは、先輩に連れられ大学近くの保育園に向かった。ミッションは、担当する子どもに絵をかいてもらいながら、いろいろ話を聞くことだった。私の担当はカズくんという四歳の子。「これが、お母さんで、お姉ちゃんで…」と、周りの子どもたちは、友人たちの指示に従いどんどん家族画を描き始める。ところが、カズくんは、全く描こうとしてくれない。「おい（＝俺）は、こげんこと、すかん（＝嫌い）。絵なんか、かきとうなか」。そう言って、足でガンガン、キックしてくる。そんな私たちのやりとりを先輩が遠くからちらちら眺め、鋭い視線を送ってくる。焦った私はこう言った。「あのね、カズくん、お姉ちゃんね、カズくんのお家のこと、教えてほしいったいね。カズくんが、お家におるとき、どげんなことしとっとかいなって知りたいと。絵かいて教えてくれるとお姉ちゃんうれしいんやけど…かいてくれたら、あとで、なんでもカズくんの好きなことして遊ぶけん」「仮面ライダーごっことかできるとや」「うん、うちがショッカーの役をやるけん」「なら、ええよ、俺が仮面ライダーする、約束やけんねー」。そう言って、カズくんは、いきなり、肌色のクレパスをとりあげた。描き始めたのは、たくさんの肌色の棒だった。「これ何？」「かっぱえびせんたい」「かっぱえびせん？」「かっぱえびせん、知らんと？　おい（俺）も、ノリくん（弟）も、かっぱえびせん、すいとったいね（＝好き）、ねえちゃんもすいとう？」「うん」「おいと、ノリくんは、毎日、かっぱえびせん食べて待っとうと。ねえちゃん、夜はね、かっぱえびせんが、ひびくとよ」。夜はかっぱえびせんが響く…私は胸がつまった。「かっぱえびせん食べながら、おいたちね、母ちゃん帰るの、まっとうと（待っている）、ねえちゃん、なんで泣くと？」。ひっそりとした部屋の中で、母の帰りを待つ小さな二人の兄弟、その光景が、私の中に浮かんで、涙が止まらなかった。

私はそれから時々、この保育園に遊びに行った。カズ君たちと一緒に仮面ライダーごっこをやったり、一緒に歌を歌ったり。子どもたちが大好きだったのは、パペット（指人形）を使ったお話だった。プレーセラピーの道具として、外国の文献でパペットが紹介されたのに興味をもった私は、うさぎと、あらいぐまのパペットを手に入れ、それを持っては保育園にでかけた。うさぎのパペットを使って話し始める。「みなさん、こんにちは、ぼくは、ラッタちゃんだよ」。子どもたちは大喜びで答える。「こんにちは、どこから来たと？」「あのね、遠い森から来たと」「何しに来たと？」「みんなと、遊びに。でもね、ぼくね、ほんとは、ホットケーキつくる、材料さがしてるの」。後はもう、アドリブ大会。私の頭に浮かんできた映像をもとに、子どもたちとの対話が始まる。あらいぐまラスカルの方も、いろいろなイベントに登場した。保育園の先生から、虫歯週間にちなんで何かいいアイディアない？　と相談をうけ、ラスカルが歌いながら登場した。「歯をみがこう、歯をみがこう、毎朝毎晩歯をみがこう、虫歯のばい菌、ふっとばせ、うがいでさわやかきれいなお口」。小学校の時に私が作った歌である。ラスカルと一緒に子どもたちも、「歯をみがこう」と盛り上げてくれる。交通安全週間になると、またラスカルははりきった。「黄色い旗を手に持って、左右をよくみてわたりましょう、ハンドル握ったおじさんも、よくみてわたってくださいね」。散歩にいく時は、ラッタちゃんが歌う「原っぱに行くと笑ってる、とても大きな大きな人が、雲の上から声だけして、青空いっぱいわらってる」。子どもとパペットと一緒に歌い、踊り、物語を語り合う、その中で、私は少しずつ言葉を見つけ始めていた。

## 聴くということのレッスン～少女たちが教えてくれたこと～

私の背中を押してくれたもう一つの大きな力、それは、家庭教師先の少女たちだった。思春期真っ盛りの中学生や高校生は、部屋に入るや否や「あのね、先生」と真剣なまなざしで語り始める。友だちのこと、学校の先生のこと、家族のこと、そして、気になる人のこと…どんな辛い哀しい話も、最後はおかしい、おもしろい体験談に変えてしまう。そんな彼女たちのパワーに私のほうが癒された。物語の生まれる現場で、「聴くということ」

のレッスンを通して。

毎日の、一瞬一瞬の出来事を、彼女たちは全身で語ってくれた。悔しさも、哀しさも、寂しさも、嬉しさも、今、私に話したいことを、からだ全部で語ってくれた。それがどんなに突然で、どんなに深い痛みをともなっていても、一生懸命物語った後、彼女たちは一ミリたりとも引きずらない。潔い、清々しい物語、それを毎日聞かせてもらえたのは、本当に「幸せな瞬間」だった。友だちに裏切られ、いじめられている話をしながら、ある少女はこう言った「あのね、先生、うちね、人の思いって変わらんって信じたかったんよね…でも、わかったと、人は変わる、だからこそ、うちも変わらんといけんのやなって…」。私は思わず絶句した。私も頭ではわかっていたはずだった。「一生続くものなんてない、人は変わる」ということを。価値観も人間関係も、ずっとこれからも続くと思っていても、時間がたてばどんどん変わっていく、それこそが真実だということを。

「あのね、先生、ありがとね。この間、今を生きることが大切って、話してくれたやん、先生の高校の時のこととか…うちね、あれから考えたと、そうか、ぐずぐず言わずに、今ベストつくしたらいいやん、自分の気持ちに正直に、自分らしく生きていったらいいやんって。ちょっと前まで、なんか、胸の中がぐちゃぐちゃしとったけん、何を自分が思ったり、考えたりしとるかもわからんかったと。でもね、先生が一生懸命聴いてくれたけん、なんか、ちょっとずつ、ぐちゃぐちゃの糸が、ほどけてきた感じがするっちゃんね。先生が清子ちゃんから聞いたっていう毛糸がもつれたときに、少しずつ少しずつ、ゆるゆると糸口をさがしていって…あれあれ、…急に変わることはなくても、うちが変わればええことやんって。そうそう、ものの見方？　それよね…なんやろう、この間先生が帰ってから、ずっと考えとったと…そしてね、笑ったらいかんよ…今まで、ミサの時とか、シスターの話とか、うさんくさかあ…とか、しゃあしか…とかおもっとったのに、急に、ええ話やなあ、そうか、人を許すことができたら、自分自身が救われるんや…とか、わかったとよ…なんかちょっと、大人の階段のぼる〜って感じ…それを今日一番に言いたかったと…」

素直なまっすぐな彼女の言葉が、私の胸の中にドーンと響いて涙があふれた。語ることによって事態が変わるわけではない、と彼女が言った通り、表現することが問題解決に直結するのではなくとも、考えて考えて、自分の思いを言葉にすることが彼女をどんどん変えていったのだ。その時、私は改めて思った。「言葉は力だ。表現することが生きることだ」と。言葉にした思いが、どん底にいた彼女をぐんぐん引き上げていったように、私の中でも、言葉が少しずつ生まれてくるような予感がした。そんな気持ちになったことに私自身が驚いていた。

私は大切な友人を失くし、茫然とした日々の中で、自分の言葉を一生懸命探しつづけた。しかし、どこにも、私の探す言葉は見つからなかった。清子ちゃんと過ごした二年の歳月、それは、ささやかな毎日の積み重ねだった。でも、そんな何気ない日々の中で、二人の関係が永遠に続くものだと私は信じていたのだ。でも、清子ちゃんはもうここにいない。そう思ったとき、いきなり、父の失踪事件が記憶の底から浮かび上がってきた。毎日の生活はこんなにも危ういものの上に成り立っているのか、そんな哀しいあきらめを払拭しようと、暇な時間を作らぬよう必死に努力した。何も考えないようにいろいろなことを押し込んだ。思い出さない方がよいと、記憶を厳重に封印しようとした。

ところが、子どもたちや少女たちとの出会いは私を変えていった。家庭教師の帰り道、闇の中に冷たく輝く星、雲間から見える月、そして町を包み込む匂いを吸いこみながら私は思った。しなやかに、そして、いさぎよく生きていこうと。人生はドラマだ、だからこそ、一つ一つの私の経験と丁寧につきあっていこうと。なんだか、いろんなことから抜け出せそうな予感がした。

## 変なこだわり～一日縄跳び一〇〇〇回～

子どものころから私には変なこだわりがあった。こだわりというか儀式というか、自分でこうと決めたルールを守ろうとする頑なさが。それは、人からみたら、馬鹿がつくような変なことなのだけど。高校時代は縄跳び一〇〇〇回、大学時代はジョギング…雨の日も風の日も。こうと一度決めたら、とことんやりぬく。それをやめることは自分に負けたような、ずるい弱い自分に成り下がってしまうようなそんな気がした。縄跳びは新体操部の顧問からのミッションだった。

今でこそ新体操といえばだれもが知っている競技だが、私が高校に入学した当時は、知っている人はほとんどいなかった。

高校に入って最初の体育の授業のあと、友人のトシベえが体育の宮本先生に呼ばれた。体育教官室といういかめしいところに一人でいくのは嫌だ、一緒についてきてと懇願された。友だちは手足が長く、顔が小さく、まさにモデル体型の少女だった。先生はいきなりこう言った。「新体操部を作るので、入ってほしい。あなたも一緒に入りなさい」。付き添いで行っただけなのに有無を言わせぬ宮本先生の迫力に負け、私も新体操部に入部することになってしまった。リクルートされた一年生七名、すでに体操部に所属していた高二の先輩二名、総勢九名で新体操部がスタートした。もともとあった体操部の部員が激減、しかも、器械体操と言いながら、まともに使える器械はないのだから、新たにリニューアルをと宮本先生が考えたのは先見の明があったともいえよう。しかし、新入生はもちろんのこと、二人の先輩も新体操がどんな競技なのかすら知らなかった。宮本先生曰く、「まずは、手具なしの既定の演技をマスターしてください。あとは、縄（ロープ）、リング（フープ）、リボン、ボールと徐々に増やしていくので皆で研究するように。規定演技だけ曲があります。演技も決まっています。でも、自由演技は、演技も曲も、すべて皆さんに考えてもらいます。あなたたちが力を合わせて創作する、それが新体操です。まずは基本の柔軟から始めなさい」。上品かつ有無を言わせぬ迫力に、皆「はい」と答えるしかなかった。縄？ リング？ すべて創作って？ 頭の中にクエスチョンがかけめぐる。そんな私たちにさらなるミッションが課せられる。「いいですか、新体操は、からだづくりが基本です。毎朝テレビ体操をすること。そして、手具に慣れるため、一日一〇〇〇回縄跳びをするように。以上」。先生はそれだけ言うと、さっさと体育教官室に帰ってしまった。体育館の中ではバレー部の練習が始まっていた。ぼんやりしている私の頭にボールが飛んできた。

そんなふうに新体操部は始まった。しっかりものの先輩が体育館の隅っこにマットを敷き柔軟体操の指示を始める。われら一年生は体操素人の軍団だった。私とトシベえは陸上、ヨネさんがバレーで、まどかちゃんとハエちゃんがバスケ、中学で体操部だったのはトモエちゃんとトコちゃんの二人だけ。側転、ブリッジ、倒立、初めてのことだらけで、放課後の部活動はまさにカオス。それでも、みんなでわいわい創っていくのが楽しかった。まじめな私は朝のテレビ体操と縄跳び一〇〇〇回を欠かさなかった。雨の日はカッパを着てやった。母から「雨の日までやらなくても…」と言われても、私は頑として受けつけなかった。たとえ宮本先生が見てなくても、やれと言われたことは絶対にやる…どこかでどこかでエンジェルが…と当時はやったＣＭの文句が頭の中をかけめぐる。神様、仏様、そして…よくわかんないけど、エンジェルが、きっと見ている、ちょっとさぼりたくなった時はそういって自分を鼓舞した。なんともへんてこな高校生だった。しかし、そんな頑なさが私の中で「心の筋トレ」になっていたと後になってしみじみ思う。縄跳び一〇〇〇回をやってると頭がどんどん空っぽになる。ただひたすらカウントだけに集中する。ある意味でコンセントレーションのトレーニングになった。宮本先生のミッションの他にも、私は自分でミッションを創った。固いからだをほぐすための柔軟体操、フロアエクササイズとネーミングし、それを毎日続けた。倒立もブリッジもできない部活一ぶきっちょな私は、仲間に迷惑をかけないため、部屋の壁に向かい、毎日倒立の練習も行った。なぜあそこまで毎日がむしゃらにできたのだろう。今思うと不思議な気もする。きのうまでできなかったことが、ある日ふっとできるようになる、それが嬉しくて、私はミッションに没頭していたのかもしれない。できるという保証も確証もないのに、いつかきっと…そんな祈りにも似た思いが私を支えていたのかもしれない。そんな頑なさは今もちっとも変わってない。私が私であることの一番の根っこにあるのは、自分の中にある可能性をひたすら信じること、そのために毎日丁寧に生きる努力をすること。私の心とからだは、高校時代から、そうやって創られてきたんだと今改めて思う。保育園児と一緒に新しい踊りを創ったりミュージカルまがいのことにチャレンジしたり、それがスッとできたのは新体操部のおかげである。

## 新体操部での日々

新体操部といえば、忘れられない哀しい思い出がある。あれは高校一年生の夏合宿の時だった。小さな町の集会場を借りての合宿だった。練習も寝食もミーティングもすべて、学校の教室くらいのところで行われた。天井が低かったから手具は使えず、規定演技の練習のみを朝から晩まで繰り返した。夕方練習が終わると、近くの井堰に行きみんなで水浴びをした。それがお風呂代わりだった。汚いなんて誰も思わなかった。みんなと一緒にすごせることがなぜかとても楽しかった。顧問の宮本先生が勉強熱心だったので、勉強タイムは近くにある先生の家に移動し、みんなでくっついて山のような宿題と格闘した。三泊四日の合宿最後の夜のことだった。「さっちん」。小さな声に目が覚めた。隣に眠っていたヨネさんが私の方を見ている。「ごめん、いびきうるさかった?」「ううん…」「どうしたの?」「うん、なんでもない。ちょっと、さっちん、って呼びたかっただけ」。ヨネさんが、私の頭をポンポンとたたいて、もういちど、「さっちん」って言った。「はーい」と寝ぼけまなこで答えると、「さっちん、ありがと、おやすみ」と言った。それから、私は再び泥のように眠った。朝目が覚めて、びっくりした。隣にいたはずのヨネさんがいない。トイレかな? と思った、でも、帰ってこない。散歩? そんなばかな。だんだん頭が冴えてきて不安になった。右隣のトコちゃんに、「ヨネさんがいない」と告げ、まどかちゃんを揺さぶって「ヨネさんがいない」といい、みんな起きだしてヨネさんを探した。合宿所の周辺から錦帯橋の辺りまで必死にさがした。けれども、ヨネさんはどこにもいなかった。

それからのことが私の記憶からすっぽり抜け落ちている。夜明けに一人、制服に着替え合宿場から姿を消したヨネさん。どうして私はきちんと話を聞かなかったんだろう。どうしてあのまま寝込んでしまったのだろう。悔やんでも悔やんでもどうしようもない思いの中でおろおろしていたことだけをぼんやりと覚えている。

ヨネさんが見つかったのは夕方遅くだった。錦帯橋の対岸にあるヨネさんの親戚の家の中にいたという。留守宅の中で、ヨネさんは一人、何かつぶやき続けていたそうだ。母親が話しかけても全く振り向かず、「向こう」の誰かに向かい楽しそうに語り続けていたという。

ヨネさんのことは何も教えてもらえなかった。その日を境に、部活にも学校にも姿を見せることはなかった。訊いてはいけない空気が漂う中で、私たちは黙るしかなかった。何か変わった様子があったかをみんなで考えてみた。が、何も思い当らなかった。ただ、中務先輩が言うには、勉強のスピードについていけない、部活と勉強の両立が難しいと合宿の時こぼしていたと。そういえば、合宿で一緒に宿題をしていたとき、「さっちん、勉強楽しい?」ってヨネさんに訊かれたことがあった。「うーん、数学苦手で苦しいけど」「さっちんも?」。くっきりとした一重まぶたのヨネさんの顔が、なぜかとても寂しそうだった。少しづつ、私たちはヨネさんことを思い出そうとした。それでも、やっぱりわからないままだった。しばらく休学していたヨネさんが、いきなり学校に姿を見せたのは、十一月の寒い日だった。教室にふらりと入ってきたヨネさんは、なぜか、生きている人という感じがしないくらい、線が薄かった。能面のようなヨネさんだった。でも、久しぶりに会えたことが嬉しくて、「ヨネさん、よかったね、会いたかったよ」というと、こくんとうなずいて、少しだけ笑ってみせた。担任は、詳しい話はなにもせず、ヨネさんが少しずつ学校に慣れるのをみんなでサポートするようにとだけ言った。ヨネさんは、ずっと下を向いていた。それからしばらくして、あれは現代文の授業だった。森鷗外の「高瀬舟」をみんなが順番に読んでいた。そのとき、「やめてえ、鷗外が私をせめるから、やめてえ」とヨネさんが叫び始めた。「保健室の先生を呼んで来なさい」と教科の先生が叫び、私は泣き続けるヨネさんの背中をなでつづけた。ヨネさんの姿を見たのはそれが最後だった。

ヨネさんが居なくなってからも、部活の練習は淡々と続いた。私たち新体操部は、創作演技をひっさげて初めての県大会に臨んだ。手具を使った三分の演技を皆で創った。顧問の先生は私にこう言った。「創った演技にぴったり合うようなピアノ曲を創り、カセットテープに吹きこんできてください」。顧問の先生に対するノーは私たちにはあり得なかった。私は、知っているピアノ曲をパッチワークのようにアレンジし、演技のためのBGMを創った。今考えると恐ろしいほどでたらめな楽曲だった。なのに、世界に一つだけの曲、と言って仲間も先生も喜んでくれた。喜んでもらえたことの嬉しさから、以後、私は暇さえあれば曲作りにいそしんだ。振り返れば、小学校の時もこんな風に曲作りしていたと思った。ますます調子に乗ってきた。エリザベート音楽大学に通っていた親友のトンちゃんのお姉さんからもいろいろなアドバイスをもらった。みんなで一緒に何かを創る喜び、共同のなかでのもの創りの原点は、高校時代の「新体操」のレッスンの中にもあった。

## 言葉が生まれる瞬間～省吾くんが教えてくれたこと～

誰かと一緒にもの創りをしていくこと、それが大学時代には、「共に物語を創る」というカウンセリングに変わっていった。大学二年生の秋から始まった臨床心理学の授業、その中で私のカウンセラー像は少しずつ変わっていった。授業での事例研究は、クライエントの発言と行動に対する分析、それへのカウンセラーの対応についての研究だった。この応答は適切だったか？　別の可能性はなかったのか？　あったとしたら、展開はどう変わったか？　実際のロールプレイを通して真剣な議論が交わされた。火曜日に行われていた症例研究会にも欠かさず参加した。精神分析の第一人者である前田重治先生、ロジャーズ研究の大御所村山正治先生、行動療法の成瀬悟策先生と錚々たる先生方、助手、院生、学部生が集まり自身の依拠する流派を超え率直な議論が交わされ、今考えても奇跡のような空間だった。ただ、当時の私の関心はクライエントの語る物語にのみあった。彼の、彼女たちの紡ぐ物語を研究会では「病気になっていった物語」という枠に嵌め解決方法ばかりを探究している、生意気にもそう思った。私はもっと別のものを見つけたかった。何気ない日常にひそむ、目に見えない、感じることすらできないもの、その積み重ねが別の大きなもう一つの物語を作っているのではないか？ 高校の合宿の最終日にいきなり豹変してしまったヨネさん、そして、清子ちゃん…人の心がわからないからこそ、余計にそう思った。そんな時、「ケースをもってみないか？」と先生から声をかけられた。クライエントは、不登校の男子高校生。いろいろなクリニックに通ったがうまくいかず九州大学にやってきた。これまでベテランのカウンセラーが担当していたが、今度は、アクロバティックに大学一の若手が対応してみてはどうか、そんな思惑からの抜擢だったらしい。先入観をもたずひたすら聴くことが大切であると教えられ、最小限の家庭状況と成育歴しか知らされなかった。

部屋に入ってきた少年は、私と決して目を合わせようとしなかった。部屋をきょろきょろ眺め、座るとじっと下を向いた。「こんにちは。今日は、遠くからきてくれてありがとう。私、大野幸子と言います。あなたのお名前を教えてもらえますか？」。無反応。その沈黙に耐え切れず私は思わず訊いてしまった。「松田省吾くん、だよね？」。こくんとうなずく。それから急に貧乏ゆすりが始まった。がたがたいう音に私は動揺した。「省吾くん、今日は一人で来たと？」。首を横に振る。「誰と一緒に来たと？」。ここからまた長い沈黙。カウンセリングの勉強で、Ｙｅｓ ｏｒ Ｎｏで答えるクローズクエスチョンはいけないことと教わった。けれど、私は沈黙に耐えられなかった。「お母さんと一緒に来たと？」。また、首をこくんと振る。顔が緊張し小刻みに震えている。「どうしよう。一体何をしゃべったらいいんだろう」。焦れば焦るほど、私も言葉がでてこなくなった。「境界線人格障害かもなあ」と言っていた助手の言葉が頭をかすめた。「省吾君、何年生?」「二年」。小さい声だった。でも、初めて声が聞けてほっとした。弟と同じ、と思ったとたん、なんだか懐かしい気持ちになった。「早起きしてここまで来るの大変やったね」というと「うん」と答えてくれた。彼がしゃべってくれるまで待とう…そう思ったとたん、急に貧乏ゆすりが止まった。顔をあげた省吾君が私に質問する。「先生、俺、何が好きかわかる?」。びっくりして「食べ物?」と訊くと「ちがう、生き物」と。「犬? ネコ? うさぎ?…」「ちがう、ちがう」。困った私に省吾君はこう言った。「俺は蛇が好いとう」「蛇?」。カウンセリングの基本はまず共感、自分の感情や評価は横に置き、まず相手への「共感」、そう習ったし、ロールプレイでも何度も練習してきた。でも、「蛇が好き」に共感することは難しかった。彼は、私の顔を見てにやにや笑い始めた。「蛇のどこが好き?」「ぬるぬるしとうとこ、不気味なとこ、みんなが気味悪がるとこ、そこが、いいったい」。そのあと、どんな話をしたのか思い出せない。中学時代、登校途中の田んぼの畔に蛇がいて、立ちすくんだまま学校に行けず半べそになったことを思い出し、ますます共感が難しくなった。一時間が永遠に続く時のように感じた。人の話を聴くことが、とてつもなく難しいと、心の底からわかった気がした。

第二回目のセッションの前、私は胃痛に悩まされた。どんなふうに対応すればよいのかいくら考えても思い浮かばない。一回目が終わった後、先生からスーパーバイズがあったはずだが、はっきりと思い出せない。省吾君が何を語ってくれるか、そこで一緒に考えるしかなかった。彼の人生は、彼が一番よく知っているはず。一回目のセッションで私が学んだことはそのことだけだった。いったい私に何ができるのだろう。考えても考えても答えの見つからない迷路に嵌まったような具合でまさに悪循環、混沌そのものであった。そんな状況で省吾君に会っていいのか、先輩に代わってもらったほうがよいのではないか、今の状況がさらに深刻化し出口の見えないものになっていったら、一番気の毒なのは省吾君だ、堂々巡りしているうちに二回目のセッションが始まった。

入ってくるなり、彼はこう切り出した。「先生、俺、バイトしたいんやけど」「バイト？　なんの？」「死体洗い」「死体洗い？」。いきなりカウンターパンチをくらった。「そう、九大にあるやろ？　医学部で、解剖ばするために、死体をプールみたいなとこにつけて、それをきれいに洗うバイトがあるって、俺、聞いた」「プールにつけた死体洗い？」「うん、ホルマリンとかにつけとう」「なんで、死体洗いをやりたいと？」「死体は抵抗せんもんね。俺の思う通りったい」。死体洗いの話は急に終わり、そこから、彼は、高校の話を始めた。「俺ね、学校にいくと、いろいろ、ちょっかいばだされると。いきなり、後ろから、けったり、首絞めてきたり。顔も、こげんかんじで、のびるーって言ってひっぱられたり。やめんねっていうと、おもしろがって、何回も何回もやって、みんなで笑って…」。私の目の前に省吾君の教室が、そしてあいつらが見えてくる…誰も助けてくれない…そのとき、いきなり、私の中に小学校四年の学芸会のシーンが浮かび上がった。あれは、「きつねとつるのごちそう」というイソップ童話だった。鶴と狐の二人芝居で、担任が私を鶴に、そして、当時女子に人気のあった男子を狐に抜擢した。それがきっかけとなって、私に対する女子の「シカト」「はずし」が始まった。校庭で遊ぶ遊具の中で、当時「シーソー」が一番人気だった。ところが私の番になると、すぐに「落とされ」私はシーソー遊びから外された。「ねこどん」でも「ドッジボール」でも同じだった。当時女子のボスだったミエちゃんが狐役の男子を好きだったことと、担任が私を「えこひいき」しているというのが「はずし」の理論的根拠（？）だったのだろうと今は思う。そんな中で迎えた学芸会当日、鶴のお面をかぶろうとして、びっくりした。鶴の長いくちばしがぽっくりと折れていた。穴があいたお面のそばに、長いくちばしがころんと転がっていた。出番まで数分もない。セロテープを貼っても、クレヨンを塗っているので全くくっつかない。おたおたする私のそばで、数人の女子がくすくす笑っていた。しかたなく、私はくちばしを手にもって舞台に立った。「きつねさん。こんにちは」。たしか、そんなセリフで始まった、ステージ下の女子が指を差し笑う。そんなことを急に思い出した。「先生もある？　そげんこと」って訊かれたので、学芸会の鶴の話をした。私がくちばしをこんな風にしてってやってみせると、彼が急に笑い始め、「そうったい、そうったいね。堂々としとればいいったい」と、妙に納得してくれた。「死体洗い」の話から始まった二回目は、最後は鶴の話で終わり、「先生、来週もくるけんね」と、彼は嬉しそうに帰っていった。彼がしゃべり、一時間があっという間に過ぎた。

三回目、省吾君は勢いよくドアを開けこう言った。「今日ね、大判焼き買ってきた、一緒に食べよう思うて。先生、前に話とったやろ、あの、おばあさんがやっとう店の。この間帰りに見つけて食べたら、うまかったけん、今日は、先生と一緒に食べよう思うて買ってきた」「ありがとう」。私は驚いた。「大判焼き」話を私はすっかり忘れていた。一回目の、めちゃくちゃな会話の中での話だった。省吾君はそれを覚えてくれていた。嬉しかった。「大判焼きのこと、覚えてくれとったんやね」「俺が、蛇の話ばしたの、いかんかった。先生、あんとき、泣きそうやった。一生懸命話ば変えよう思って、食べ物は何が好きなと？　必死やった。俺ね、びっくりしたと。今まで母さんにいろんな病院連れていかれて、小さい時のこと、家族のこと、根掘り葉掘り聞かれて嫌やけん黙っとった。そしたら、なんか、わからん木とか、家とかの絵までかけ、って言われて、全然かかんかったら、何に対しても無気力みたいに決めつけられ、どうやったら、いろいろなことに興味関心が持てるようになるか一緒に探っていこうとか…もう、しゃあしか…、お前に俺の人生のなんがわかるとや…ってますます腹たって…そんで、どこも行かんようになったと。どの先生も、俺に、好きな食べ物の話は訊かんかった。それなのに、先生は俺と初めて会った日に、自分の好きな大判焼きの話始めたけん、俺はたまげた」「ごめんね」「よかよか、俺、たまげたけど、この人はおもしろか、今までの人とは違うって思うた。今まで自分の話ばしてくれる先生は、おらんかったけんね。先生、大判焼きの話するとき、ものすごく嬉しそうやった。俺、こげん人が嬉しそうに話ばするの初めて見たような気がして…なんか、ちょっと、嬉しかった」「私、あのとき、蛇の話についていけんで、ほんと、ごめんって思って、なんかほかに好きなものないやろうか、食べ物とかないやろうかって、結局、大判焼きの話ばっかして、あとで、ものすごく反省したと」「なして？」「省吾君、黙ったままやったし、焦ってて、気が付いたら、大判焼きやら、おはぎやら、自分の好きなもののことばっかしゃべって、ほんと、ごめんね」「よかたい、大判焼きの話やら、おはぎの話やらしてくれたけん、俺、次もここに、こようって思ったと。先生がおばちゃんの作ったおはぎの話するとき、涙がでとったやろ、そんで、俺もうちのばあちゃんのことを思い出しとった。あんときは、最初やったけん、言わんかったけど…俺の家もね、みんなおはぎ好いとうと。俺のばあちゃんは、あんこたくのが上手くて、ようと、おはぎ作ってくれんしゃった」「おばあちゃんは元気?」「二年前に死んだと…実の親子なとに、ばあちゃんと母さんは、よう喧嘩ばしよった。けど、最後は家に帰りたいってばあちゃんが言うけん、病院じゃなくて、最後の半年は、母さんがつきっきりで家で看病したと。胃がんやった。俺の父さんは、工事現場の監督で単身赴任やけん、俺が学校行っとる時も、俺が寝とるときも、母さんが、ずっと、ばあちゃんのそばで面倒みよったと。先生、あのころの俺ね、唯一心が安らぐんは、寝とるときだけやった。家に帰ったら、いつも、いつ死んでしまうかわからんばあちゃんがおって、毎日毎日、苦しいのがひどくなって。往診に来てくれる先生がモルヒネうってくれるんやけど、最後は、もう、うつんやなくて、飲むと…そうせんと、痛みに耐えられんと…ばあちゃん意識もだんだんなくなっていって…寝とるんか、起きとるんか、わからんくなってきて…家にいると、いつばあちゃんが逝ってしまうかって、おちおち寝られんし。母さんも、くたくたなのに、うちはなんもしてあげられんいうて、泣きながら、ばあちゃんの手足ば、ずっとなでよんしゃった。俺が、ばあちゃんみとるけ、母さん、ちょっと寝んね…て言うたりして。やけん、学校の授業の時が唯一俺の睡眠タイムやったわけよ…そしたら、先生に、お前ふざけとんかって叱られて、たたき起こされるんやけど、ほんなごつ、死にそうに眠いけん、叱られてもおきられん。そしたら、なまいきや、反抗的や言うて、担任やら、教科の先生やらからは、どつかれるし…家のことやら、ばあちゃんのことやら、話をすると、ほんとに、ばあちゃんが死んでしまいそうやったけん、俺、誰にも話せんかった…で、ばあちゃんが、死んでしもうたら、今度は、母さんがおかしくなったと。夜も眠れんし、食欲もなくなるし、テレビ見とっても、いきなり泣き出すし。母さんは一人っ子やったけん、ばあちゃんといつも二人で暮らしてきたと。母さんが変になったけん、父さんもなんとかせんばって思うたけど、仕事やけん、どうにもならんやって…で、俺が頑張らんといけん思うて、料理とか洗濯とかやっとった。でも、学校に行っとる時、なんかあったら嫌やなって思うと、授業中でも気になって…家に帰ると、玄関とこで母さんの具合がわかると。家が暗いし、空気がドーンってなっとうし、「ただいま」いうと、母さんは、「なんでうちだけ生きとるとやろ」って泣き出すと。鬱病になりんしゃったと。そんで、母さんの代わりに、俺があれこれやっとううちに、今度は俺の方がまいってしもうた。食べることも、寝ることも、なんする気もおこらんようなった。学校へ行く力もなくなったと。なんか、一日中、ごろごろしとるっていうか、ぼんやりしとううちに、一日が終わっとった。そしたら、なしてか知らんけど、今度は、母さんが元気になってきて、「あんたが高校ばちゃんと卒業せんと、母さんは、ばあちゃんに合わせる顔がない」とかいいだして、俺を、いろいろな病院に連れていったと。あのね、先生、カウンセリングの先生は、俺に「思ったことを言ってごらん」って言うたけど、俺は何も言えんかったと。言う言葉がなかったと。自分の気持ちが、なんも、わからんのやけん、言葉にできるわけがないったい。それとね、なんやろう、俺の調子悪くなって、代わりに、母さんが、しゃきっとなりんしゃった、やけん、俺、このまま、ずっと調子悪い方がええんやないかって、どこかで、思っとったんかもしらん…なんか、わからんけど、ごめんね先生、大判焼きから、俺ずっとしゃべっとったね。先生、聞いてくれてありがとね。あ、言い忘れた、俺ね、今日は、一人で来たったい。母さんは、ひまわりプロジェクトとかいうて、公園や通学路に、ひまわりの種ば植えるためにおばちゃんたちと出かけたと…ひまわりの種ね、ばあちゃんが植えとったひまわりの種やけん」。省吾君は、まっすぐに私を見て言った。彼の声は、私の胸の奥にいつまでも、しんと響いて、消えなかった。そして、次の回が彼と会う最後のセッションとなった。高校を卒業し、大阪の専門学校に入り料理人を目指したい、いつか、先生に俺の作った料理ごちそうしてあげる、それが、省吾君の最後の言葉だった。清々しい、まっすぐな別れの哀しさが私の中に渦巻いた。

言葉は、人のからだのどこかに深く眠っているのではない。言葉は、目の前にいる誰かとのかかわりの中で少しずつ生まれてくるものなのだ。今、ここで、言葉が生まれる瞬間に私たちは立ち会いながら生きていくのだ、そう省吾君は私に教えてくれた。

## 畏友Sをめぐる物語〜人は物語によって生かされるのだ〜

人は、自身の物語を物語ることによって少しずつ回復の緒につく。それは、心に深い傷をもつ人、いや、今を生きるすべての人に通じるものなのかもしれない。大学時代仲の良かった男友だちSもそうだった。Sはテニス部のエースであり、工学部一の秀才だった。

福岡高校出身で、勉強もスポーツもギターもうまく、バンドを組んで出演した文化祭でもスターだったらしい。Sの話す言葉は一つ一つがシャープで、気が利いていて、人の気をそらすことがなかった。人の気持ちを敏感にくみ取り、道化者になって空気を和ますことが自然にできる、そんな人だった。大好きな清子ちゃんに誘われテニス部に入部したものの、新体操しか知らないずぶの素人である私が、くたくたになりながらもテニス部が楽しかったのは、清子ちゃんと同じくらいSの存在が大きかった。田舎者の私にとって、Sはあこがれの存在だった。豊かな言葉をもつ彼を尊敬していた。受験勉強の渦中で、いつの間にか知識の詰め込みに終始していた私は、自分で考えるという作業を怠っていた。子どもの頃は毎日がわくわく不思議の連続で、いつも「なぜ?」をくり返していたのに、大学受験が近づいた高校三年のあたりから、私はこの限りない好奇心を自ら封印してしまった。「なぜ?」と考えると、目の前のものがどんどんあやふやになる。歴史も、化学も、国語も、英語も、一つ疑問を抱くと、それにまつわる多くのの疑問が芋づる式に浮上してくる。それが私には怖かった。それをつきとめようとすると、膨大な、覚えなければならない知識をいつまでも飲み込むことができなくなるから。

受験生の私が無意識にとった戦略、それは、自分を空っぽにすることだった。空っぽの器になれば、どんどん自分の中にインプットすることができる。塾に通ったことのない私にとって、授業で先生から教わったことと参考書と問題集、それがすべてだった。とにかく、ひたすら知識を覚えることに没頭する日々だった。先日、テレビで「フォアグラ」の映像をみた。口をこじあけられてむりやり餌を押し込まれ、内臓肥大のフォアグラ製造機となっている鳥たちの映像が、高校三年生の自分と重なった。鳥と私との決定的な違い、それは、誰かから無理強いされるのでなく、私が自身に対しその行為を強制していたこと、そのことを再認識させられた。私というフィルターを通して学んだことをアウトプットするのではなく、ひたすら知識注入だけで私は入試を乗り越えた。それだけ、当時の教育が暗記とその応用だけに終始していたということかもしれない。ところが、大学の友だちは違った。みんな自分の言葉を持っていた。学生運動へと消えていった清子ちゃんに私は語る言葉を持たなかった。それがすべて私の学びの姿勢に起因したとは言えないものの、やはり、思考停止ゆえに、自分の言葉を持ちえなかったことに対する劣等感は強かった。だからこそ、自分の言葉で語ることのできるSに憧れ、心から尊敬したのかもしれない。

言葉だけではなかった。Sは、どんな時でも、現実に対して正面からとりくみ、かつ、しなやかだった。彼は私にこう言った。「俺たちは、社会の中で生きとうと。やけん、社会の中で起こることは、どれも他人事やないったい。学生運動ばしよう人らを、俺らと住む世界が違うごと考えるのは、間違いやと思う。やけん、俺は、クラスのやつや、学生運動ばしようやつと、よう議論するんやけどね…彼らがいいよることのいくらかは、正しいと思う。やけど、過激な行動ば起こして社会を変えていこうちゅうのには賛成できん。変えるには、もっと他のやり方があるんやないか…人は、賢くならんといかん、何が本当か、何が間違っとうか、ようと、考えんと。そうせんと、俺ら、目に見えんものに、上手に操られる人になってしまうと。無邪気なのはよか、純粋なのもよか。でも、もう、俺らは子どもやないんやけん、なんも自分で考えんで、人の言うことをそのまま信じて生きていくとは、賢くないって思う」。私は、彼の言葉にざわついた。その通りだと思った。私は自分が賢くなる努力をどこかで放棄していた。素直であることがいちばんと、小さい時から教えられ、それを守ってきた。親が言うこと、先生がおっしゃること、周りの大人が言うことを素直に聞き入れ、それをちゃんと実現していくことが、正しい生き方であると信じ生きてきた。それに疑問をはさむことはなかった。そんな生き方こそ理想とするところであり、正しい生き方であると満足していた。

Sは、テニスに関しても多くのことを教えてくれた。初心者の私の練習につきあい、ボールから目をそらしてしまう癖を指摘してくれ、それを克服する方策も考えてくれた。仲間たちが普通にできることを私は何一つできない。そんな私を慮ってか、前回より進歩したことを丁寧に説明してくれ、できないことについては必ず自らやってみせてくれた。「教えること」「育てること」が上手な人だった。

「明日、時間あるね？」と言って、Sが連れて行ってくれたのは「シャコンヌ」という古典喫茶だった。ちょうど、山笠の祭の日で博多の街が熱気にあふれていた。高校時代から彼のお気に入りだったという「シャコンヌ」は、奥に「音楽室」と書かれた部屋があり、その左側、トイレの入り口近くの壁に小さな黒板があった。そこには、びっしりクラシックの曲が書かれていた。「リクエスト曲を書くったい」。Sが小声で教えてくれた。「音楽室」の正面には、私の身長くらいの大きなスピーカーがでんと鎮座していた。政治、経済、文学について熱い議論が交わされていた入り口近くの談話室と異なり、そこは静かな空間だった。そこで、私はいろいろなことを学んでいった。

Sは、モーツァルトのピアノソナタK３１０が好きだった。勉強の合間にコーヒーを飲みながら、小さな声でいろんなことを教えてくれた。ブラックホールの謎、空の不思議、そして彼が大好きな鉱物のこと。少年時代のSは、いつもかなづちを持ち歩いていたという。山口の秋芳洞の鍾乳石に出会ったとき、身体が震えるくらい感動したと語ってくれた。「子どもの時から、石が好きやったと。好きな石見つけると、かなづちでたたいて、断片をルーペで拡大して。小さな石の中に断崖やら谷やら洞窟やらクレーターやらが見える気がして時間がたつのも忘れたと」「なんか、宮沢賢治と似とうね。賢治も石が大好きで「石っこ賢さん」ってあだ名つけられて、近くの野山で岩石の標本採集してまわりよったと」「じゃ、俺は、石っこシンさんたい」。Sはとっても嬉しそうだった。「賢治はどの石がすきやったん?」と訊かれ、思わず「琥珀」と答えた。国語の高富先生から教わったのだ。「賢治は、少しずつ明るくなってゆく夜明けの空を言葉で描くのに、いつも琥珀を使っていたんよ」「明け方の空」とSがつぶやいたとき、高富先生が黒板に絵入りで書いた短歌を思い出した。「あけがたの　琥珀のそらは　凍りしを　大とかげらの　雲はうかびて」「大とかげ…恐竜のような雲…明け方の琥珀色の空に…白亜紀の恐竜かあ」。Sは、ひとりごとのようにつぶやいた。Sは賢治に似ている。石、天体、音楽…でも、それだけではない気がした。賢治の透きとおった世界とSの世界が似ている、本当はそう言いたかった。

Sに「風の又三郎」のことを話し始めた途端、高校三年の、父がいなくなった日を思い出した。忘れていたはずなのに、記憶の奥底にしっかり封印していたはずなのに、やさしい聴き手をまえに気持ちが緩んで話し始めた。Sはじっと聴いてくれた。そして、こう言った。「俺の家も、いろいろあったと。俺の父さんね、俺の高校入試の日におかしゅうなって、精神病院に入院したと。ヘヤトニック飲んで、自殺しようとしてね。病院に俺がついたときは、「覚えとけー」って、駄々っ子みたいに泣きわめいとった。俺は今でもあんときの姿が忘れられん。注射で眠った父さんをみて、気丈な母さんが泣き出した。俺は、父さんのこと、なんも気づかんやった、自分の受験のことしか考えとらんかった。母さんは、俺に心配させまいと、ずっと隠しとった。父さんは、裁判所でずっといじめにあっとった。学歴ばないくせに、調子よう昇進して、面白くなか、周りにそう思われとったらしか。無視されたり、書類が回らんかったりで、会議を知らんかったり、大事なことで失敗して、だんだん変になったんやろうね。家でも、いっつも紙を持ち歩いて、何月何日何時何分に誰が何を言うたって、テレビ見てても、家で誰かが話しても、なんでもかんでも紙に書くんで、母さんは心配やったらしい。俺は、酒が弱いくせに毎晩ぐでんぐでんになって帰る父さんの姿しか知らんかったけん、そげんこと、初めて知ったと。でもね、さっちんの母さんと一緒たい。母さんは強かった。泣きながら話ばした後、いきなり、しゃきっとなって、「よか、父さんが生きとうだけでよか、みんなで、がんばるしかないったい」。そう言ったと。母さんが必死になってみんなを守ってくれたけん、今は、父さんも元気になって普通に裁判所で働いとう。でもね、俺ね、時々ものすごく、心配になるったい。いつか、俺も、父さんみたいになるんやないかって」。初めて見るSのさびしそうな顔だった。

## セイちゃん、ケイコちゃん、そして清子ちゃんの話

Sも私も宮沢賢治にのめりこんでいった。あるとき、「賢治の話で一番好きなんはなんね」と訊かれたので、「虔十公園林の話」と答えた。「どげんな話?」と訊われ、私は話し始めた。

「主人公の虔十はね、いつも縄の帯しめて、笑いながら、森やら畑の中をゆっくり歩くと。青い藪をみては喜び、青空をかける鷹を見つけては手をたたいてみんなに知らせると。でもみんなが馬鹿にするけん、みんなの前では笑わんふりするんやけど、風がふい

て、ぶなの葉がちらちら光るとうれしゅうてうれしゅうて、はあはあ笑ってしまうと。その虔十がね、家の裏手に杉苗七〇〇本を植えることを思いつくと。始めは、兄さんに、反対されるんやけど、お父さんが、虔十が初めていうたわがままやけんって、やらせてみると。隣の平二やら、近所の人には、馬鹿やないとって言われて、いじわるされたり邪魔されたりするんやけど、虔十は、からだ張って林を守るんよ。その杉の苗が大きくなって、その林は、いつのまにか、子どもの遊び場になって、虔十はものすごく喜ぶと。それから二〇年くらいたって、その村の出身で、今はアメリカで教授になっとう人が村に講演に帰ってくると。村はすっかりかわったのに、この虔十の林だけがそのまま残ってるの見て、博士は感激してね、今の自分があるのは、この林のおかげやって、この林を「虔十公園林」って名づけて、子どもたちのために永久に保存することを提案すると。虔十の家族がそれを聞いてとっても喜んだ、っていう話なんやけど、私、この虔十を読むたびに、友だちの塩田のセイちゃんのことを思い出すと」「セイちゃん？」「うん、セイちゃんは知的障害があったけど、やさしかったと。小学校はずっと私の隣の席やった。セイちゃんのお父さんは、私の父さんの会社中国電力で、一番えらい所長さんやったと。同じ社宅やったから、小さい時から友だちやったんよ。お兄さんも、お姉さんも、二人とも賢くて医者になりんしゃったけど、年が離れたセイちゃんだけは、字は読めんし、算数もできんやった。でも、セイちゃんは、植物とか動物のことはものすごく詳しかったんよ。セイちゃんといっしょやと、飼育当番の時でも動物が暴れんと。やけん、掃除も水替えも野菜の入れかえも簡単にできると。セイちゃんが飼育小屋に入るとね、動物が、わーって、よってくると。私、鳥も、うさぎも、動物が苦手やったけん、いっつも、セイちゃんの背中にくっついて恐る恐る入りよった。あれは小学校の四年の時やった。私、女子から仲間外れにされとったけん、いつもセイちゃんと一緒におったと。やけん、飼育当番、本当は好きやなかったけど、セイちゃんと一緒にやりよったんよね。ちょうど、秋の終わりくらいやったかなあ、ちょっと、寒い日やった。飼育小屋に入ると、セイちゃんが、「あっ」言うて、しゃがみこんで、見たら、一番小さいうさぎの「ちび」がぐったりして、横になっとって。セイちゃんが抱きかかえて、なでながら、「ちびちび」言うけど、おなかをぴくぴくさせるだけやった。「さっちゃん、先生に」。そう言われて、私は大急ぎで先生に知らせに行ったと。先生が学校で世話になっとる獣医さんに連絡して、放課後二人でつれていくことになって。その日は短縮授業やった。たぶん、午後から先生たちの会議があるっていうんで二時間で終わったと思う。授業の間も、セイちゃんはずっと飼育小屋におって、先生が「教室に帰り」って言っても、頑として聞かんかった。私は授業が終わるたんびにすぐに飼育小屋に走っていったと。セイちゃんは、しゃがんでちびの世話をしとった。「鼻水だしとるし、おなかにガスがたまっとる気がする」。そう言って、ちびのおなかをずっとなでとった。放課後二人で獣医さんとこに連れて行ったら、「こりゃあ、ちょっと、わるいのう。昨日はどうやった?」と訊かれたと。セイちゃんが「ちょっと、元気がなくて、うずくまってることが多くて、くしゃみと鼻水がちょっと」と答えたんで、私はびっくりした。セイちゃんは、ちびのこと、ずっと気にしとったんや…「そうかあ、今晩が山かもなあ」。そう言って先生はちびに注射を打ち、「この薬をスポイトで、三時間おきに、のませんといかんけど、できるかな?」と訊いたと。「できます」ってセイちゃんは、きっぱり言ったと。ちびに「だいじょうぶ、だいじょうぶ」って何度も言って、大事そうに抱きかかえて。私は、ダンボールの箱をもって「セイちゃん、薬だいじょうぶ?」って訊いたけど、セイちゃん答えんで、ずっとちびの耳元で話しかけとった。帰りに、セイちゃんとこによって、おばちゃんにちびのこと話したら、「大丈夫よ」ってにこにこしながら言いんしゃった。次の日、ふつうは七時半に迎えに来るセイちゃんが、その日は七時前にうちに来たと。びっくりして玄関にでたら、箱の中でちびが、がさがさ動きまわっとった「ちび、元気になったんやね」。走ってきたんかセイちゃんは、ハアハア息をしながらにこにこしとった。虔十とそっくりの顔やった。中学になったらね、障害のある子は別クラスになったけん、セイちゃんと会う機会がだんだんなくなって。最後に私がセイちゃんに会ったのは、高校二年の時やった。ちょうど、文化祭の練習の後やったと思う。バンドの友だちと一緒に帰っとる時に、「さっちゃん」っていう声がして振りむくと、セイちゃんが遠くにおったと。ペンキ塗りの仕事の帰りやったんか、つなぎの服着て、ペンキ缶やら刷毛を持っとった。あのいつものにこにこ顔で、一生懸命私に手を振っとったと。「あれ、誰?」って訊かれて「友だち」って答えたら、みんながへえって顔でセイちゃんを見たので、恥ずかしくってどんどん歩き始めたら、また、「さっちゃん」…っていう声がして、まだ手を振っていて、私、夢中で、バスに飛び乗ってしもうて…なんで、あの時、セイちゃん…って言うて、手振らんかったんやろう…今も、それが、ずっと心残りで…セイちゃんね、あれからしばらくして、事故で死んだと」「俺の妹もセイちゃんと同じったい。妹、ケイコっていうんやけど、知的障害で、ずっと特殊学級に通っとったと。妹も動物が好きったい。うちね、父さんが文鳥が好きでいっぱい飼っとうけど、一番なついとうのは妹、文鳥の病気に一番に気づくんのも妹やし。ケイコは、鳥と話せるんやないかって、俺、時々思ったりするんよ。妹はね、動物もやけど、一番好きなのがお菓子つくりったい。小さい時から、お菓子やさんに行くと、しゃがみこんで、動かんと。「兄ちゃん、きれいかね」言うて、いくら俺が手を引いて「帰ろう」言うてもダメで、いつまでも、ケースの中のお菓子ば見とうと。妹は小さい時から、なんか買うてってわがままいうことがなかったんやけど、あっ、これも、慶十と似とうね…妹は、お菓子の本は欲しがった。買ってもらった本を寝ても覚めても見とった。「これ、つくりたい」って指さしたんがパウンドケーキやった。やけど、妹は字が読めんけん、材料とか、手順とかわからんったい。「兄ちゃん、これなんて書いてあると?」って何回も訊くけん、何度も読んでやるうちに、パウンドケーキのページは読めるようになったと。バターに砂糖に、卵に、小麦粉に全部二〇〇グラムで、あとベーキングパウダーひとつまみ…ほんとにうれしそうに読むと…ケイコが初めて作ったパウンドケーキの味、俺は、今でも忘れられん。父さんと母さん、おいしかね、ようと一人でできたねって、涙でぐしゃぐしゃになりながら食べよった。作りたいっていう思いが強かったけん、ケイコは。それから、ひらがなやら、カタカナやら、一生懸命覚えるようになったと。この四月からは、お菓子のチロリアンで働いとう。そんで、妹が、初めて給料ばもらった日に俺にくれたんが、これったい」。そう言ってみせてくれたのはリストバンドだった。テニスの練習の時も試合の時も、そして今も、彼がいつも腕にしているのは妹からの贈り物だった。

Sは続けた。「だけん、清子ちゃんが、部活辞めるとき、俺反対したけど、あの識字教室の話の時だけは、なんも言えんかった」「あの、ゆうやけ、が、書けるようになった、おばあさんの」「うん、うちの母さんね、同和地区出身ったい、それで、家が貧乏やったけん、ばあちゃんは学校行けんで、ひらがなが書けんやった、清子ちゃんが行きよった識字教室のばあちゃんとまったく同じったい。やから、病院行く時も、市役所とか行くときも、小さい時から母さんがついて行っとったって。名前書かんといかんのに、ばあちゃんが、書けんけん。ばあちゃんは、俺が小さいときに、死んだっちゃけど、昔、俺に話してくれたことがあったと。一人で病院に行って、勇気だして、自分で名前書いて、どきどきして待っとった。「野村さーん」って呼ばれた時はね、ほんとに、うれしかったとよって。ほかにも、俺に「ゆうやけ」っていう字を教えてくれてね、「ゆうやけ」っていうのは、やさしか字たい、ばあちゃんは、この字が書けるようになって、ゆうやけが大好きになったって話んしゃた。俺はそん時、小さかったけん、ばあちゃんの言いようことが、ようとわかっとらんかったけど、今は、ばあちゃんの気持ち、わかるっちゃん」「私、一回だけ、清子ちゃんと一緒に、識字教室いったと。そのとき、おばあちゃんが、言いよんしゃった、字を覚えたらね、楽しみがいっぱい増えたって。町を歩きよっても、いろいろなことがわかるし。一番うれしかは、孫からの手紙を自分で読めて、返事が書けるようになったことって…清子ちゃん、帰る時ね、私にこう言ったと、差別が、人の生きるのぞみや希望も失わせるんよ、だから、差別のない世の中を作るために、私は一生戦うからって。清子ちゃん今どこにおるんかなあ？　なにしようとかなあ？」

見上げた空には、満天の星が輝いていた。「あれが、ヴェガ、アルタイル、デネブ、スピカ…」。一つ一つ指さしながら、Sは、星の名を教えてくれた。そして「なんか、銀河鉄道の夜みたいやね」ってつぶやいた。「銀河鉄道の夜って、去ってゆくものと、なお残って生きていくものとの、あれは別れのシンフォニーだよね」。私がそう言うと、彼は小さくうなずいた。「あのね、銀河鉄道の夜の終わりの方で、ほら、ジョバンニが言うやろ？　ほんとうにみんなの幸いのためならば、ぼくのからだなんか、百ぺん灼いてもかまわないって…なんか、清子ちゃんみたい…」。しゃべりながら、私はボロボロ涙をこぼした。あたりには、夏の終わりの匂いが漂っていた。清子ちゃんが学生運動のために私たちの前から去っていきちょうど一年が過ぎたころだった。

## 子どものころに出会った先生～風に耳をすますということ～

大学三年生になった私は、テニス部をやめた。心理実験、臨床実習、教育心理のミッションがどんどん増え、加えて教職免許履修のために、日文の単位も必要で、朝から晩まで大学での講義が続き、部活動との両立が難しくなったからだ。しかし、家庭教師の数は、どんどん増えていった。小学六年生から高校三年生まで、バリエーションに富んだメンバーと大学が終わってから接することが、私にとって生きがいになっていた。そんな日々の中で、気がつくと「言葉がしゃべれない」という悩みから少しづつ解放されていた。多くの「善き人」と出会い、彼ら彼女らとの関わりを深める中で、私の新しい物語が少しずつ紡ぎ出されていたのだろう。辛いことや哀しいことも、毎日のささやかな物語に織り込まれる中で、大切な私の物語に変わっていったのかもしれない。

保育園の子どもたちや家庭教師先の生徒たちは私の子どものころの、とりわけ小学校のころの話が大好きだった。学校帰り、道草しながら帰っていた私は、田んぼに入り、刈りとった稲干しハサバのてっぺんに座っては大声で歌を歌った。「ちぎれぐもは、かぜに軽く、空をながれる」と友だちと調子にのってハモったり、真っ赤な夕焼けを背景に「夕日が背中をおしてくる」と歌ったり、そんな日々の中で、一人の音楽の先生との出会いが世界の見方を大きく変えた。

小学五年生の初めての音楽の時間に音楽専科の新しい先生、北村フサエ先生はこうおっしゃった。「さあ、みなさん、今からすこし、目をつぶりましょう。そして、じっと、耳をすませてね。どんな音が聞こえますか?」。私はゆっくり目を閉じた。そよ風が、ふわっと私の顔をなでた。草木の香りが鼻をくすぐる。耳を澄ますと、ざわざわ、ポプラのそよぎ、遠くから「ぷっぴー、ぴぴぴぴ、ぷっぴー」高く鋭い鳥の声、「ふぃほ、ふぃほ…」。他からも聞こえる鳥の声。教室の隅っこの風鈴の音がかすかに聞こえる。風が呼吸をするように、風鈴がなる。なぜかときどき二つの音が一緒に聞こえる。風がふっと止まる。私は静けさに耳をすます。「さあ、みなさん、目をあけて。耳を澄ます、ということは、心をすますっていうことですね。さあ、何が聞こえました?」。みんなは答える。「鳥の声」「木の葉の音」「動物の鳴き声」「教室の声」。私は答えた。「風の音、風の呼吸」「風の音、呼吸? もう少し詳しく教えてくれる?」「はい、教室を通りぬける風が、ゆったりだったり、急いだり、呼吸するみたいに、いろんなリズムで私の耳に入ってきました。風に耳を澄ますと、風が、耳のぐるぐるの形にそって中に入って、私の耳の中でも、また新しい音を作り出してるような、そんな気がしました」「風の音を、あなたは、からだ全体で聞いたのですね」。五感を澄まして、世界に耳を傾ける、人生で初めての経験だった。

フサエ先生の、耳をきたえるトレーニングはさらに続いた。中でも「木の声をきく」は、忘れられない授業の一つだ。みんなで近くの森にでかけた。お気に入りの木に、私たちはそれぞれ走り寄り、抱き付いた。私は、桜の木に耳を押し当てた。聞こえない。何も聞こえない。一生懸命心を澄ましたけれど、だめだった。「どっくん、どっくん」。ああこれは、自分の鼓動だ、と、半ばあきらめかけた、その時、かすかに、でも、確かに聞こえたのだ。「じーっ」という虫の音に似た音。「木の声だ」。私は胸がどきどきした。ずっとここで生き続ける一本の桜の木、この木は、何と出会い、何を見つめ、どんなことを語ってきたのだろう。小鳥のなわばり争いを見、川のせせらぎを聞き、時に大きくしなったり、雨や風、差し込む太陽に音を鳴らして答えたり。「木の声」を、私はからだ全体で受け止めようとしていた。

ドラマ創りの始まりも、フサエ先生の授業だった。その日は、「劇のネタさがし」と称し、近くの野山に出かけた。野原を歩き「気に入った場所」「ぴんと来る場所」を選び、その場所で、見て、聞いて、感じたことをもとに、チームで曲をつくりそこから劇をつくるのだった。私のグループは、テーマを「原っぱ」に決めた。みんな、原っぱが大好きだったから。その時、誰かが言い始めた「今度、ここには、公園ができるんだって。えー、じゃあ、秘密基地できなくなるじゃん。落とし穴も作れなくなるじゃん。ねこどんもできなくなるよ、かくれんぼもできなくなる」「原っぱ守ろう、そんなお話にしよう」。シナリオをみんなで考えた。私が担当したテーマ曲を、みんなはとっても気に入ってくれた。

原っぱにいくと　笑ってる　　とても　大きな、大きな人が
雲の上から声だけして　　　　青空いっぱい笑ってる

歌によるオープニングの後に、私たちは、動物、虫、鳥、子どもになって、それぞれの視点から語り始める。最後にこうくりかえす。「もう、かくれんぼができなくなる」。みんなで創ったドラマ「原っぱ」は、その年の学芸会でも演じることとなった。

ドラマ「原っぱ」には、宮沢賢治先生も登場し、音の不思議について語ってくれる。子どもが訊く。「賢治先生、この原っぱで川のせせらぎや鳥の声を聞くと、気持ちがいいの

はなぜですか?」。賢治先生は答える。「それは、秘密のゆらぎのせいですよ。せせらぎや木の葉を揺らす風、ほら、耳をすませてごらんなさい。不思議なゆらぎを感じるでしょう?」。そう言って、賢治先生は静かに立ち去るのだ。

この「原っぱ」の「ゆらぎの話」を大学生になってSに話したとき、彼は驚き、「1/fのゆらぎ」について教えてくれた。「1/fのゆらぎ」は、自然界にあるとても大切なゆらぎで、小鳥のさえずり、小川のせせらぎ、木目の模様、人が見たり聞いたりして快いと感じられるものには、必ず「1/fのゆらぎ」があると。バッハ、モーツァルト、ベートーベン、ビートルズの音楽にも、「1/fのゆらぎ」があるのだと。小学生の私たちがとらえた音の話が物理学的に裏付けされたようで、私は、とてもうれしかった。

このフサエ先生の授業のねらいが、今の私には少しわかるような気がする。体験によって気づき、体験によって学び、それを皆で共有し表現する。教育とは、生徒たちの表現をうながし、自分の言葉で語らせようとすること。その先生の思いが私の中に流れ、それを引き継ごうとしているのだと。

アルゼンチンのフォルクローレを聞いたときの衝撃も忘れられない。日本のものではない楽器による日本のものではない民族音楽を聞いていたにもかかわらず、私は強烈な「なかしさ」と「哀しみ」で、泣きそうになった。居ても立ってもいられないような、確かにそこにあるのに、考えようとすると消えてしまうような、だから、いつもは心の奥底にしまいこんでいるのに、亡霊のように立ち上がってくるとでもいうような…。亡霊と言っても、それは決して怖いものではなく、とてもなつかしいものたちで、それなのに、なぜかわからないけれど、そのなつかしさの正体がつかみきれず泣き出しそうだったのだ。ただ、その時は、今ここで言語化したようにはとらえられなかった。もし、フサエ先生に出会っていなければ、そんな思いはむしろ封印していたかもしれない。現に、昔はこうからかわれた。「本ばかり読んでいるから、現実とフィクションの区別がつかなくなる。赤毛のアンじゃないんだから」と。自分でも、そうかもしれないと思い始めていた。子どもの頃から、青空や月や星を見ていると胸がいっぱいになり、忘れていたことを必死に思い出そうとしたり、風に吹かれる木々のざわめきに思わず涙がこぼれたり…現実と虚構の世界がこんがらがってると言われれば、思い当たることがらが山のようにあった。

クラスの女子から仲間はずれにされたことで、目立たないように、みんなと一緒に振舞う方が生きやすいかもしれないと感じ始めた頃だった、フサエ先生の「聞くことのレッスン」に出会ったのは。フサエ先生は、「風の音を聞く」私を「すてきだ」と手放しでほめてくださった。「からだ全体で聞くこと」「人それぞれ聞こえるものが違うように受け取り方も違う」「いろいろな声が響きあうからこそ生きることはすてきなのだ」。音楽の授業のたびに、そうフサエ先生は教えてくださった。先生から新しい世界の見方を教わった私は、その日も、コメントシートに「なつかしくて泣きそうだった」と書いた。フォルクローレは、最近習った「小さい秋みつけた」「もずが枯れ木で」とどこかでつながっている気がすることも書いた。フサエ先生は次の授業の時間にこうおっしゃった。「伝統的な、その国の人ならではのものを深く深く掘り下げると、奥底に流れる地下水を通じて別の人の深い思いと必ずつながりあうのかもしれませんね」。深く深く井戸を掘っていくと、どこかで必ずつながっている。私の中にぱあっと鮮やかな映像が浮かんできた。出会ったことのない亡霊のような人々と語り合う場が、私の聞いたフォルクローレという音楽だったのかもしれない。理屈を超えて大きなものをさぐる冒険。今を生きながら今を超える、ここに生きながらここを超える。フサエ先生から受けたレッスンの意味は大きかった。

滔々と流れる豊かなときの中で私が小学時代に体験したことが、私の根っこになっているることを、今、改めて感じ始めている。「一生懸命聴くということ」から始まったフサエ先生のレッスンは、学校中で「音の風景」をつくりあげるムーブメントを巻き起こした。バラの花をテーマに、仲間とともに創り上げた「灘小のバラはみんなの心…」という合唱曲。夏の林間学校花火大会で私が創った「ねずみ花火」。

シュッ　シュ　シュ　そら逃げろ　ねずみ花火のお通りだ
わんぱく小僧の　鉢巻だ　弱虫逃げろ

キャンプファイヤーを囲んで大合唱した。楽しかった。星が降り注ぐような夜空と、森の木々の香り。私はこの香りが、この星空が大好きだった。木々が空へ空へと手を伸ばすのを見つめながら、私は幸福の瞬間をからだいっぱいに味わっていた。仲間とともに何かを創り上げる楽しさと喜び、ゼロから生まれる新しいものに出会えるわくわく感を私に体験させてくれたのが灘小学校だった。

そして、この「聴くことのレッスン」は次第に「からだのレッスン」へと発展していった。今でも鮮やかに思い出すことのできる小学六年生の運動会。さまざまにコラージュさせた「秋の音の風景」をバックに、「秋の情景」をグループで、時には一人一人がからだをつかって表現していく「創作ダンス」。

色とりどりの紅葉《もみじ》の精の舞いでオープニング。紅葉の精が衣装を裏返したとたん、それは落ち葉へと変わっていく。はらはら、はらはらと、落ち葉が降り注ぐ中、とんぼたちが登場。続いて、実りの秋の稲穂たち。黄色の衣装を身にまとった稲穂の大群が運動場を埋め尽くす。稲穂を食い荒らす烏を退治するために、案山子《かかし》を配置した。ユーモラスな格好で寄ってくる烏を追い払う。やんちゃな男子が一番好んでやったのが、この案山子と烏の攻防シーンだ。頭を垂れる稲穂を合図に、稲刈りが始まる。鎌を使って稲を刈り取り、刈った稲をひもで結び、掛け干し、ハザ掛け。最後に田んぼにあらわれる三角の「わらぼっち」。それが風にゆらゆら揺れる中を、ゆっくりゆっくり、神様が笑いながら歩いていく。神様の役がセイちゃんだった。

仲間と一緒に世界のどこにもないものを創る行為はまさに冒険だった。毎日多くのことを発見し、それがどんどん連鎖し何かが生み出される瞬間に立ち合った。行く先のわからない冒険の中で、私たちはどんどん変わっていった。そんな日々のつらなりがはるか遠い未来で私の生きる核になろうとは、当時の私は夢想だにしなかった。

## 世界を見るまなざし〜空にきらめく星空とわが心の内なる道徳律〜

世界を見るまなざしの発見は、高校時代の倫理の授業にもあった。高校二年生の倫理の最初の授業で、長谷川先生は語り始めた。「諸君に、今日は、私が好きなカントの言葉を紹介しよう。空にきらめく星空と、わが心の内なる道徳律、知ってるかな?」。東大の哲学科を卒業し、田舎の神社の神主と高校教師を兼任する倫理の長谷川先生は、わたしの友だちハセポンのお父さんだった。ぽかーんとする私たちを尻目に先生は続けた。「『実践理性批判』の結論の冒頭に記された言葉がこの「わが心の内なる道徳律」だ。これは、勇気と決断とを持つ自由な個人にして、初めて自覚できる良心の声に他ならない」。先生はいきなり黒板に向かって書き始めた。隣のせっちゃんが小声で訊く「さっちん、あれ、ドイツ語? カントってドイツ人?」。先生が振り向きこうおっしゃった。「そうです、しっかり書き留めなさい」

Zwei Dinge erfüllen das Gemüt mit immer neuer und zunehmender Bewunderung und Ehrfurcht, je öfter und anhaltender sich das Nachdenken damit beschäftigt: der bestirnte

Himmel über mir und das moralische Gesetz in mir.

Immanuel Kant / Kritik der praktischen Vernunft / Kants Werke, Akademie Textausgabe, Bd.5, S.161

(「それを考えることしばしばにして、かつ長ければ長いほど、常に新たにして増し来る感嘆と崇敬をもって心を満たすものが二つある。わが上なる星の輝く空と、わが心の内なる道徳律」カント『実践理性批判』第二部結論　波多野精一・宮本和吉・篠田英雄共訳)

私たちがドイツ語を解さず、かつ哲学の初心者であることは先生の眼中になかった。書き終えた先生はさらに続けて、こうおっしゃった。

「考えてみたまえ。なぜ君たちは善悪の判断ができるのか？　それは、我々の心の内に善悪を判断する裁判官ならぬ「道徳律」があるからだ」

いつもあれこれ質問する男子も押し黙ったまま写している。誰も黒板のドイツ語が読めないのに、わけがわからぬまま私も必死に先生の言葉をノートに書き留めた。

「道徳律が成立するには因果律にとらわれない自由意志がなければならない。つまり、意志の自由があることが道徳律のレゾンデートル（存在根拠）なのだ。我々が因果律に縛られた自由のない世界から抜け出るためには、気高き道徳心に目覚め、意志の自由を持つことが要求される。そして、我々はそれをみな心の内に持っている。もし因果律から抜け出たいという自由意志を持たないものがあれば、それは動物的世界に生きることと同じなのだ。欲求のおもむくまま行動し、その行動についての責任をとらない下劣なものだ。この授業を通して諸君に考えてほしいことは、勇気と決断を持つ自由な個人にして初めて自覚できるのがわが心の内なる道徳律、良心の声ということだ」

後でノートを見返しても、あまりに難解な話で理解できなかったが、「空にきらめく星空」という先生の言葉が私の中に星々を浮かび上がらせた。降り注ぐような、にじむような、ガラスをまき散らしたかのような白い星々。ああ、それは、中学生の私が出会ったあの星空だった。中学二年生の時だった。星の観測のため、夕食をすました私と弟は、庭の芝生に毛布をしき、あおむけに寝ころんで空を見上げた。「おねえちゃん、星がすごいね」「うん」。満天の星だった。星の一つ一つが大きくて、あまりにたくさんで、なんだか、わけもなく哀しくなった。宇宙のみなしご、そんな言葉が浮かんできて、胸がいっぱいになった。いったい、この星空を、宇宙を創ったのは誰なのか？　星空をアレンジしているのは誰なのか？　そのとき、私の胸に去来したあの思い。そう、あれは、星空をアレンジをした人への畏怖の念であった。先生の言葉を聞きながら私はそう考え始めていた。

でも、その日、長谷川先生は教えてくださらなかった。なぜカントが、星とともに、わが心の内なる道徳律に感嘆したのか。そして、星と道徳律とは一体どういう関係にあるのかということも。その日以来、私にとって倫理の授業は特別な時間になっていた。自分の頭で考えるという訓練の場が倫理の時間だった。カントはきらめく星空に何らかの秩序を見、その秩序に神の意図を感じたのではなかったか。それは、ひょっとしたら、中学生だった私が星空を見ながら、誰かこの星をアレンジした人がいる、そして、その人によって、私たちも星と同じようにアレンジされているのだと考えた、それと同じことかもと。長谷川先生は、私の最初の問いに答えてくださった。「その神の意図は、星空の、宇宙の秩序にとどまるものではない。カントが畏怖の念を抱いたのは、頭上にきらめく星々とともに、わが心の内なる宇宙だった。天井の宇宙に秩序と調和があるように、「内なる宇宙」にもなんらかの中心があってアレンジがなされているはず。そのなんらかがカントにとって「最高善」すなわち「神」だ」と。では、「神のなすがままに我々は生きていく受動的存在なのか?」という疑問に対し、先生はこのように説明してくださった。「人間は神の命令に盲目的に服するのではない。カントにとって重要なのは、最初に話した通り、道徳とは自由な意志の上に成立するものなのであるということ。自由な意志なくして道徳はありえない。もっといえば、自らの自由な意志によって神の命ずる普遍的行為の法則に合致する行為を選ぶこと、それが道徳なのだ」

その日以来、満天の星空を見上げるたびいつも長谷川先生の倫理の授業を思い出した。あの星は一体だれがアレンジしてるのだろう。いま私がここにいることをアレンジしたのは一体誰なのだろう、わが上なる星のきらめく空と、わが心の内なる道徳律が響きあっている。感嘆と畏怖の念にひたりながら、さまざまなことが心に浮かぶのだが、どれも言葉にすることが不可能な気がしてくる。輝く無限の星々を眺めながら、私はいま思わずにはいられない。「我々の命は、宇宙の不思議なからくりと同様に、不思議な法則のなかにあるのだ」と。

私の「今」は、私の過去によってもたらされている。だからこそ、瞬時に過去へと変貌をとげる「今」という時間を懸命に真摯に生きるしかない、虚無やあきらめの世界に落ちていくことはできないのだと。「人は時々刻々と変わっていく不思議な生き物だ。だからこそ「今」の生き方が未来の君たちを大きく変える」。これは、大好きだった国語の高富先生の口癖だった。過ぎ去った過去が今の私を作るように、過去と未来のはざまに「今」

が存在することを忘れてはいけない、そう思いながら生きてきた。

## 教師として生きる～それは教育実習から始まった～

一体いつから教師になろうと思ったのか？　そう訊かれるたびに、「教育実習に行ってから」と答えるようにしている。言葉をなくし、ふらふらしていた私が、少しずつ自分の言葉を探していけるようになったころ、私は、まっすぐなまなざしの後輩たちにであった。高校二年生の彼女たちと一緒に勉強したのは室生犀星の「小景異情」だった。「ふるさとは遠きにありて思ふもの」。この詩をどんな風に彼女たちと語り合ったのか、はっきりとは思い出せない。ただ、なぜか、「今、私のいる場所」が自分にとって居心地のいい帰りたい場所ではないという一人の少女の語りから、たくさんの物語が生まれたことだけは記憶している。「私の居場所をさがしたい」「ほんとうの私をさがしたい」。まさに、今ここにいる私ではなく、本当の自分を探す旅をし続けたいという話に展開していった。そのときだれかが言った。「チルチルミチルの話みたいに、青い鳥はここにいたりするんじゃない？」と。「先生の高校時代の話をきかせてくださーい」。生徒たちにせがまれ、来し方をふりかえったとき、これまでたどってきた情景が、まるでフィルムを逆回しするように鮮やかによみがえってきた。そのとき語ったのが冒頭の話である。一生懸命私の話を聴いてくれた彼女たちは、今度は次々に、彼女たちの「私の物語」を語りはじめた。教室の中に多くの声が響き始めた。ほとんどが生きる哀しさを語ったものだった。高校生は無邪気に見える。しかし、どの生徒も家を背負って、今、ここにいる。生きるということは、うれしいことと同じくらいどうにもできない哀しみを背負うことだと。そのとき、私は思った。死を前にしたとき、人はどんなことを思い出すのだろう、その最後の瞬間にたくさんの美しい物語がはらはらと降り注いでくれたら、どんなに幸せだろう…。

心弱き私が、それでも顔をあげて歩いていかねばならないとき、そっとそばにいてくれた人たち。その人たちから何気なく発せられた一つの言葉によって、ありふれた日常の見方が変貌する、そんな経験が私にはたくさんあった。論理や概念や理念など、そんな難しいことで人は人に共感しない。人が人に魅かれる大きな力はその人が持つ、その人だけが語り得る「物語」、生きることの哀しみを見つめる深いまなざしで織りなす「物語」なのだ。

高校二年生の彼女たちに語った物語の最後は風についてだった。「私の中で、何かが起きるとき、いつもきまって風が吹いてくるんです。いろいろあった高校三年間でしたが、最後は素敵な風でした。一二月最後の合唱コンクールで私のクラスが選んだ曲が、吉野弘の「風が」です。最初の春のシーンを歌います。今でも、へこたれそうになったりくじけそうになるときに、私は一人で歌います」

風が

風が　桜の花びらを散らす
春が　それだけ弱まってくる
ひとひらひとひら　舞い落ちるたびに
人は　見えない時間に吹かれている

人は人生の中で、哀しかったり辛かったりする思い出の方をずっと細かく覚えているものだ。そんなことをふっと思ったりした。しかし、その宿命や限界に鍛えられるなかで、私は、それを受容する物語を知らず知らず紡ぎ始めていたのだった。

# 第二部　ラジオドラマが生まれる

## 始まりは萩高校～あれは、国語の授業ではない～

教師としての最初の赴任地は、萩高校だった。山口県に生まれ育ちながら、私は二二になるまで萩の地を訪れたことがなかった。三月、県の教育委員会に呼ばれ、一人ずつ赴任先が告げられた。「大野幸子さん、あなたの赴任地は萩高校です。新任の先生で萩高校への赴任は、県で初めてのことです。あなたが、どんな教師になっていくか、楽しみに見ています」。そうおっしゃった方は、部屋を出ようとする私に笑いながらさらに告げた。「転んだ後のあなたの笑顔は素敵でした。がんばってください」。あっと思った。そうだ、この人は面接官の一人だった、教員採用試験最終面接の。私のときから採用試験が突如新方式に変わった。従来の筆記試験を通過したものに対し体力試験が課せられ、その後に面接試験があった。なぜ私の年から体力試験が導入されたかその経緯は定かでない。しかもその試験は二年で終了した。それはともかく、五〇メートル走、斜懸垂、反復横跳び、最後が五分間走だった。実施要項が届いてから、私は毎日近くの小学校で自己流トレーニングを始めた。黙々と走っているうちに、走ることそのものが楽しくなった。中学校時代の長距離の練習を思い出した。走っているうちに、頭の中から雑念がどんどんふっとび、心が少しずつ軽くなっていく。周りの風景がいきいきと目に飛び込んでくる。草の香り、風の匂い、そして、走り終えた時のなんとも言えない清清しさ、嬉しさ。そんな思いで走り続けたのがよかったのか、私はなぜか男子グループの中に入りながら最後の五分間走は、ぶっちぎりの一位だった。いま教員採用試験の最中だとか、国語の教師になるためだとか、そんなもろもろが頭の中からすっかりふっとんでいた。走り終えた嬉しさから面接の順番を待つ間もついうきうきしていたのだろう。扉をこんこんとたたき、教室の入口の引き戸をすっと引くまでは良かった。中にいる三人の面接官と目をあわせ、「失礼します」と言ったそのときだった。ずでーんとものすごい音をたてて転んでしまった。なぜかわからぬが、足が引き戸のレールに見事にひっかかった。「大丈夫ですか⁉」。廊下に立っていた県教委の人、面接を待つ受験生、みな一斉に駆け寄ってきた。恥ずかしさを隠すべく、にこっと笑い、さっと立ち上がる。すばやかった。「大丈夫です。ご心配おかけしました。ありがとうございました」。再び、にこっと笑い頭をさげた。周囲から安堵のためいき、くすくすという笑い声が聞こえてくる。廊下の空気が一変した。中にいた三人の面接官は立ち上がり、その様子を見ていたが、なんでもないという様子で私が立ち上がったのを確認し、「じゃあ、始めましょうか」とおっしゃった。座った私に、「君は、相当の、おっちょこちょいですね。でも、なかなか度胸がある」。そうほめてくださった面接官こそ、今日辞令先を告げてくれた人だった。気がつくと、膝からかなりの血が流れていた。が、あの時の面接が私はうれしかった。なぜなら、私が話す「カズ君のかっぱえびせんの話」を三人とも熱心に聞いてくださったから。「転んだ後の笑顔」「なかなかの度胸」「教師になっていく」。このさりげない言葉が、後の私の教師生活を象徴するものになろうとはその時は知る由もなかった。

憧れの高校教師の生活は、まさに睡魔との闘いだった。教材研究、放課後のテニス部の活動、土日は例外なく部活動の引率だった。毎日三時に起床し、がんばった。ところが、さすがの体力自慢にも限界はあったとみえ、月曜日の五時間目、漢文を読みながらふっと意識が飛んでしまった。それでも、高校生とすごす時間は最高に楽しかった。

私の授業スタイルは「対話」だった。一つのテクストを真ん中に、生徒と私が、生徒と生徒が、そして、生徒とテクストと「対話」で深める授業、それが私の授業だった。そのことが先輩諸先生の逆鱗に触れた。初めての研究授業は高校一年生の現代文だった。テクストは森本哲郎の「ふたたび、風流について」で、引用された「誰が風をみたでしょう」をめぐる対話が授業のテーマだった。

誰が風を見たでしょう
僕もあなたも見やしない
けれど木の葉を　ふるわせて
風は通りぬけてゆく

（クリスティナ・ロセッティ　西條八十訳）

生徒たちは大いに語ってくれた、風をめぐる遠い日の記憶を。互いの話に深く共感しあうことから対話が始まる。私は一人一人の語りに一生懸命耳を傾け、授業が終わった。授業後の研究会で口火を切ったのは、国語科の重鎮、山本先生だった。「まあいいんじゃないのかな、心理の人だし。ただ、あれは国語の授業じゃない」。広島大学出身の曽根先生が続けて「大野さんは、ちゃんとした国語科教育法をならったことあるの？　ふつう国語の授業って違うでしょう？　あんなのやったら、広大なら国語の授業への冒瀆といわれて袋叩きだよ」。続く奥先生は、優しかった。「僕は、生徒たちがあんなに発言する授業を生まれて初めてみました。だから、いいなあって思いました。ただ、国語の授業として考えると、今、山本先生たちがおっしゃったように、教師がきちんと知識を伝達して生徒に定着させることを一番に考えないといけないかもなあ」。若い泉先生が軽やかに続けた。「ぼくは、おもしろいと思いました。が、まあ、やっぱり、異色というか、ま、大野さんが国語教師として異色の出自だから仕方ないか。ま、あれは、国語じゃなくて、ロングホームルームって感じ？」。なぜかそこで、大御所の先生たちの間から笑いが起きた。居たたまれない気持ちだった。が、最後に発言された県の教育委員会の人の言葉に救われた。「私は、正直なところ面白かったです。生徒たちの声があんなに響きあう授業って、驚きでした。大野さんがどんな授業するのかというのは、県でも注目しています。風を見るって、どういうことかなあ？　という先生の問いかけですが、私も生徒と一緒にずっと考え続けていましたよ」。思わず涙がこぼれた。言葉一つ一つがうれしかった。

「あれは国語ではない」と一蹴された授業の中で生徒と私がつかんだ風は、不思議なものだった。目には見えないけれど、子どもの頃に頬で感じ耳で聴いた風が、なぜか、一人一人の遠い日の記憶に結びついているものだった。私のなかで、「どっどど、どどうど、どどうど、どどう」という「風の又三郎」の冒頭の歌が心の深みから湧きあがってくる気がした。その風は私を「木の葉のように」ふるわせ、吹きぬけていった。風を見るためには、私はいつも「吹かれるところ」に立ち、「木の葉のようにふるえ」なければならない。生徒との対話の中で私はそんなことを考えていた。

萩高に赴任し半年が過ぎたころ、朝目覚めると重い鈍痛に体全体が襲われるという状況に陥ってしまった。肩、頭、胃、どんどんひろがる痛みのなかで夜満足に眠ることさえできなくなった。とてつもないストレスを「平気」という言葉でやり過ごそうとした自分の「負けず嫌い」に対し、からだが悲鳴をあげていたのだと思う。教育に対する私の考え方は根本から間違っていると何度も叱られた。「教師と生徒の間には厳然とした線を引くべき」「親身に生徒に対応しているつもりでも、それが生徒の甘えを助長する」「職員室は、たまり場じゃない。必要最低限のやりとりをしたら、さっさと生徒を追い返せ」「授業中に生徒があれこれ言うのはおかしい。ちゃんと教える自信がないのか?」等々。対話の授業を契機に、生徒たちの声が教室に響き始めた。生徒たちは、自身の思いを言語化しようと必死に格闘を始めた。それは授業の枠内にとどまることはなかった。思いを誰かに届けたい、自分の混沌とした思いをなんとか言語化したいと考えた生徒が、年齢の近い私を聞き手に選んでくれたのだ。他の先生方にはそれが単なるノイズとしてしか理解してもらえなかった。哀しかった。それでも私は彼ら、彼女らの声を、物語を聴きたいと強く思った。一人一人の物語は最後の一語まで私の心をとらえ続けた。なぜなら、それはすべて本当の物語だったから。

## 最後の旅を語る少年

見島、江崎…と家元を離れ下宿生活をしている学生の割合が県下で一番多いのが当時の萩高校だった。今と違い、コンビニなどない田舎のことである。日曜日ともなると、なぜか下宿生たちが集まってきた。「先生、おなかがすいた。おにぎり食べたい。みそしる飲みたい」。日曜日はどこの下宿もごはんを用意しないから、彼ら彼女らはひもじい状況に追いやられていた。その話が重鎮の先生の耳に入り、甘やかしすぎと激怒された。生徒を家にあげるなど言語同断と、連日生徒指導課の教師が私の家をチェックしにきた。居心地の悪い空気が少しずつ醸成された。私がうんと大人だったら状況をしっかり分析し、もう少し賢い対応ができたかもしれない。ところが当時の私には、学校という組織がチームプレイだという根本認識があまりにも欠落していた。生徒のため一生懸命になることが、なぜことごとく否定されるのか全く理解できなかった。否定の言葉のもっと先にある、それぞれの教師の思いをなぜ私は慮ろうとしなかったのだろう。先生方がなぜあんなふうに感情的になるのか。それは言葉とは別の何かを伝えたいというメッセージの現れかもしれない、今の私ならきっとそう思うに違いない。私が正しいと思うこと、言うこと、することを同僚たちはどのように受け止めるだろうか。そこに思いをはせることができなかった未熟さが私を追い込み、再び言葉を失う事態に陥ったのだ、今はそう思える。

体調不良に陥った私に対し、生徒たちはほんとうに優しかった。私を驚かし、笑わせることに命をかけていたのが高校の二年八組、理数科の生徒たちだった。あれは、体育の後の六時間目の授業だった。教卓の前に立つと、なにやら、「クーン、クーン」と小さな鳴き声がする。目の前にいる権代《ごんだい》少年に「犬の鳴きまねしたでしょ」と言うと、へらへら笑っている。「上手じゃん」って言うと、クラスのあちこちからくすくす笑い声が漏れる。なんだろう？　変だなと思っているうちにチャイムが鳴った。「じゃ、始めまーす。当番さん、号令よろしく」と言うと、また「クーン、クーン」と聞こえる。「権代君、もう終わり。始めるよ」で「起立」の声がかかり、みなが、がーっと椅子をひき、一斉に立ちあがった。そのときだった。教卓の下からいきなり犬が飛び出した。しかも、権代と名前の入った黄色い鉢巻を頭に巻いて。「クーンクーン、ワンワン」。私は腰が抜けてしまった。飛び出た犬の間抜けな顔と、権代というネーム入りの鉢巻。今でも忘れられない光景だ。

一年生男子クラスはギャングだった。「先生、お願いです。どうかぼくに授業の始めに二分ください」と懇願する野球部の西村少年は、いきなり掃除道具箱をあけ、ほうきをギター代わりにして自作の曲を披露した。「今日は先生のためにみんなで作りました。僕の大好きな先生」と言って熱唱してくれた。途中から、他の生徒も歌いだし、歌い終わったとき、窓の外を一羽の鳥が飛んでいった。「ばーか、ばーか、ばーか」。誰の耳にもそう聞こえた。なんともおかしかった。若く頼りない私が、どん底から回復できたのは生徒たちのおかげである。

気力さえあればなんとかなる、そんな思いで授業を行っていた七月の梅雨明けのころだった。高校一年の男子クラスだった。三木清「人生論ノート〜旅について〜」の授業を始めるにあたり、最初は「旅」をテーマにそれぞれの思いを語ってもらうことにした。

「みんなは、「旅」っていう言葉を聞いてどんなこと思い浮かべる?」「はい、はい」と、元気のいい生徒たちが手をあげ、そこを起点に「今日はじゃあ前周り」と決めて、一人ずつ旅について語り始めた。旅の思い出、憧れの旅、いろいろでてきたところで金子君の番になった。「何も、ありません」と言って金子君はどーんと座ってしまった。クラス中が「えっ」となった。「どんなことでもかまわないの。あのね、具体的でなくても旅って聞いて、金子君の中になにか思い浮かぶことってない?」「だから、何もありません」。険しい顔つきでにらみつけ鋭い口調で私の質問をはねかえす金子君。私は動揺した。数日間の不眠状態も相まって、目の前の風景がふーっとおかしくなった。教室の床がぐわーんってせりあがり、教室がしなって目の前が一瞬暗くなった。「先生、先生、大丈夫?」「誰か、保健室の先生…」。そんな声が微かに聞こえた。前の席の生徒たちが懸命に支えてくれたのがよかったのか、数分後には意識がすーっと戻ってきた。生徒たちが今にも泣き出しそうな顔で私をながめる。「先生、先生、保健室に行こうよ…」。ざわざわしているうちにチャイムが鳴った。その後、保健室でしばらく横になりなんとか体調はもどった。ただ、金子君のあの険しい顔が胸の中でずっと疼いていた。何がいけなかったのだろう。旅というテーマが悪かったのだろうか…。その日の放課後、図書当番だった私は、「今日は早く帰って休んだら？」というやさしい司書先生の言葉を断り、一人、司書室でぼんやりしていた。「先生、大丈夫？」。振り向くと、入口に金子君が立っていた。めがねの下から泣き出しそうな表情が見えた。「ごめんね金子君、心配かけて。私、昨日の晩よく眠れんかって、それで、くらってなって、本当にごめん」「俺が、変な言い方したけぇ。先生、ものすごい傷ついたんじゃって、みんな、心配しちょった。金子、どうしたんけぇや、いつものお前らしゅうないわぁやって。みんなにも言われた。ごめんね、先生」「違うよ、金子君のせいじゃないよ、全然違うよ。私の方こそ、なんか、しつこく訊いてごめんね。しゃべりたくないときだってあるのに。なんか、無理やりしゃべらそうってして、本当にごめんね」「ちがうけぇ、俺、先生に怒っとったんじゃないんよ。つい、先生にぶつけてしもうた。俺、みんなの話聞きよったら急にいろんなこと思い出してしもうて。先生、知っちょるかもしれんけど、俺の父さん、今、失踪中なそ。どこにおるんか、生きとるんか死んどるんかそれもわからん。中学のとき、父さんがやっちょった建築会社が不況で調子悪うなって、そんで、なんか、不渡りとかだして、結局、会社はたたんだんじゃけど。いっぱい借金があるけえ、銀行に相談いってくる言うて、そのまま、父さん、おらんくなった。俺が中学三年のとき。じゃけ、今、母さんが働いて、じいちゃんとこに、俺らぁ世話になっちょるんよ。今日ね、旅の話、聞きよったらね、父さんが、おらんようになる前に行った、最後の家族旅行のこと、急に思い出してしもうて。あれ、どこやったんやろ…母さんが朝早くからおにぎりやら卵焼きやらいっぱい作って、魔法瓶に熱いお茶をいっぱい入れて、俺と妹と父さん母さんとで車ででかけたそ。菜の花がいっぱい咲いちょる田舎道走りよったらね、田んぼの中に小さい水車があったんよ。妹が、「水車、水車、見たい見たい」いうんで車とめて、みんなで見に行ったんよ。小さいけど、水を一生懸命はじいて、ごとごとって音たてて回りよった。ここで弁当食べようやって新聞紙ひいてね。あのころ、会社のことで、毎日ぐちゃぐちゃやったけぇ、みんなで一緒にご飯たべるんが、俺、ぶちうれしかった。「うまいのぉ、母さんの卵焼きは最高じゃ」言うて食べよった父さんが、「イサオは将来なんになりたいんか?」っていきなり訊くけぇ、俺、びっくりして、「まだわからん」言うたら、「そうやのぉ、まだ、中学生やけぇの、でも、なりたいっちゅうものができたら、頑張って挑戦せぇよ」って。今まで、そんなこと言うたことがないけぇ、俺も父さんに訊いたそ、「父さんは何になりたかったん?」って。そしたらね、父さんが「俺は、本当は電車の運転手になりたかったんじゃ。あそこに走りよる電車みたいに、ちいちゃい電車に乗ってこんな菜の花の中をのんびり走る電車の運転手になりたかったんじゃ」父さんの運転する電車に乗って、水車やら菜の花やらをながめてみたかったぁ…そんなことを急に思い出したら、哀しいんやら悔しいんやら、もう、わけがわからんくなって、それで、先生にあんなふうに言うてしもうた。ごめんね、先生」。背筋をまっすぐに伸ばして金子君は静かに廊下を去っていった。私は、彼の後姿をいつまでも見つめていた。菜の花、水車、小さな電車。それらは私の中に残像のように残り、いつまでも消えなかった。あの幸福な時間の中に二度と戻れない家族の物語。心の底を哀しみが静かに流れていた。

## そばにいてくれた人々

「大変だった日々からどうやって抜け出すことができたんですか?」。大学生や、新人の先生によく訊かれる。決まってこう答える。「生徒と保護者と家庭科の先生と司書室の先生と売店のおばあちゃんと雑用担当していたおじいちゃんと友だち、そして家族」「周りの人みんなのおかげってことですか?」。そう訊き返され、本当にそうだったと改めて思う。

体調の悪くなった私を気遣い、両親は島根から何度も車を飛ばし萩まで来てくれた。夏期講習が終わった日、強制的に島根に連れ帰り病院に連れていかれた。精密検査も受けたが原因はわからなかった。「ストレスでしょう。しっかり休養してください。それしかないですね」。母は、連日お灸を入れた道具を使い何時間も私の肩、腰、からだ全体をマッサージしてくれた。父は、私の好物を持ち帰りさりげなくテーブルの上に置いてくれた。弟は、七半の後ろに私を乗せ、海岸沿いをがんがん走ってくれた。家族の暖かさに励まされ、夏を越え萩に帰ったとき、生徒たちが大勢、私の下宿にやってきた、たくさんの食べ物を手にして。「先生、待っちょったよ。夏場やけぇ、大判焼きはちょっと、って、俺反対したけど、佐伯がどうしても先生に食べてもらうって」「相島のスイカの方が食欲わくよね、うちでつくったけぇ先生食べてみて」「先生、うちらぁね、レアチーズケーキ作ったんよ、食べて食べて。タムラのケーキのまねしようやって工夫したんよ…どう、美味しい？」。生徒たちの心のこもった食べ物一つ一つがありがたかった。胸にしみた。

二年目は、弟が萩に来て私と暮らすことになった。高専をやめ萩高校に併設されている「補習科」（浪人生のための特別クラス、萩高校と大津高校の浪人生が所属した）に通い、早稲田を受験すると言い出した。唐突な話ではあったが、弟の気持ちが痛いくらいわかってありがたかった。アメリカの大学に行かんでも、早稲田でもいろいろできるから。風来坊を自称する弟は翌年早稲田に行き、中退したのち西南学院大学に行き、歯科大を経て今は歯科医である。飄々としながら、相手のことを思いやる気持ちの深さに、私は改めて頭が下がる思いがした。毎日、話を聞いてくれる弟がいるからこそ毎日の生活をきちんと送れるようになった。食事、掃除、洗濯、雑用…あたりまえのことをあたりまえにやっていく、そんなささやかな日々の積み重ねが私の心を少しずつ癒し回復させてくれたのだと今はっきりそう思う。

多くの教師がさまざまなストレスの中で疲弊し心を病んでいく。私自身がそうであったからこそ、私は、苦しむ人の「そばにいるだけ」、そんな人になりたいと思う。どんな薬も、治療も、心の傷をいやすことはできない。「そばにいる」人の存在が、自身の語りを受け止めてくれる人の存在が、人にとって、この上ない支えとなるのだ。三年間の萩高生活の中で、私は、生徒たちの多くの「声」に励まされた。多くの「声」が響きあう教室の中で何かが生まれていく現場に毎日立ち会うことができた。始めは、ぶつかったり、ぎくしゃくした先生方とも打ち解けていった。私の小さな物語に共感してくださった先生が自分の話を語ってくださるようになった。小さな共感が少しずつひろがって先生方との距離が縮まった。国語科の津和野への旅では、夜通しみんなで語り合った。人は声に、物語に支えられて生きていることを改めて知った日々だった。

## ラジオドラマ「風船爆弾」が生まれた場所～山口中央高等学校～

次の赴任地は、県庁所在地である山口市の真ん中に位置する「山口中央高校」という女子高だった。当時山口県には三つの女子高校があったが、山口高女の名をもつこの学校は山口で一番古い県立の女子高校だった。「山口中央高校に二〇代で来た人は、あなたが初めてです。あなたがどんな先生になっていくのか、生徒たちをどう動かしていくのかとても楽しみにしています」。それが、校長先生の最初の言葉だった。元気の良い女子高生たちが、廊下ですれちがうたびに「こんにちは」とあいさつしてくれる。私はわくわくした。あれはちょうど五月、さわやかな風が校庭のつつじの香りを教室に運んでくる、そんな日だった。私が担任をしている高校二年生のクラスでの現代文の授業だった。茨木のりこの詩「わたしが一番きれいだったとき」の最初の授業で、私は、その詩を朗読した。

わたしが一番きれいだったとき

茨木　のり子

わたしが一番きれいだったとき
街々はがらがら崩れていって
とんでもないところから
青空なんかが見えたりした
……

いつもは元気いっぱいの少女たちが、しーんとなって耳を傾けている。「初めてこの詩を読んで、みんな、どんなことを思った？」。それぞれが語り始める。真由美さんが静かに言った。「私、この詩を読んで、叔母さんのことを思いだしました。私の叔母はこの学校の出身で、四年生の時に学徒動員で小倉に行きアメリカを攻撃する風船爆弾を作っていたんです」。教室中が彼女の風船爆弾の話にひきこまれた。そして、語りをきっかけに「風船爆弾」についての調査が始まった。しかし、そこにはいくつもの壁があった。一番大きかったのは、先輩方の「思い出したくない」という気持ちだった。記憶の奥底に封印してきたものを、なぜ今更？　と、取材の申し込みはことごとく拒絶された。日記を書いたシゲ子叔母さんも、当時のことを語る口調は重かった。しかし、風船爆弾制作のために生徒たちを引率した久賀先生は、生徒たちに語るということを承諾してくださった。「私もずいぶんの年になり、いつお迎えが来てもおかしくありません。今まで誰にもお話したことはありませんが、いつか話さなければ、そして、あのときの教え子たちに謝らなければ…そう思ってきましたから」。私は後悔し始めていた。先生が謝りたいとおっしゃっている、先輩たちが思い出したくないと言っている…人が心の底に封印している記憶や忘れてしまいたいこと、それを、再び開けてくださいとお願いするのは間違っているのかもしれないと。そんな時だった。家庭科の大本雪先生から内線電話があった。「青木さん、大本です。いま時間ある？　私の部屋に来てくださる？」。憧れの雪先生からの電話だった。山口高女出身で旧家のお嬢様だった先生は私の憧れの先生だった。その先生からの電話。私は小走りで先生の部屋を訪ねた。「青木さん、風船爆弾のこと調べてるんでしょ？　私ね、胸を患って行けなかったけど、風船爆弾を作りに行ったの私の同級生たちなのよ。さっきね、哲ちゃんから相談の電話あったの。青木先生や生徒さんたちのお気持ちを聞いていたら少し気持ちが変わってきたって。久賀先生がお話したいっておっしゃるなら、私たちもご一緒しようかしらって」。写真を見せながら先生が当時のことを語り始めてくださった。なんという奇跡だろう、雪先生が先輩たちの同級生だったとは。私は紅茶をごちそうになりながら、感動でからだが震えた。

風船爆弾の記憶を語ってくださった山口高女の先輩方は、最後にこうおっしゃった。「初めは、思い出したくない多くの記憶にとまどいを覚えましたが、若いみなさんが熱心に聴いてくださる姿に励まされて、思い出し語ることが亡くなった友だちたちへの供養にもなるかもしれないと思うようになりました」「口にだし、皆さんに訊いてもらっているうちに私なりの新しい発見があり、自分のこころの傷を癒すことにもなりました」と。

ラジオドラマ制作、始まりの作品「風船爆弾」を紹介しよう。

**「風船爆弾」**

NAR　私たちの山口中央高校は戦前は山口高等女学校といいました。この山口高女に軍から風船爆弾製造のための特別命令がでたのは、アメリカの日本本土攻撃が日増しに激しくなってゆく昭和十九年の暮れのことでした。

SE（空襲警報）

ＳＥ（爆撃音）

ＮＡＲ　風船爆弾とは、直径十メートルの気球に爆弾を吊り下げジェット気流にのせて、アメリカ本土を直接攻撃しようという秘密兵器でした。

Ｆ・Ｉ（ＳＬの音）

ＮＡＲ　山口高女四年生一五〇人は昭和二十年一月二日雪のちらつくなか、北九州の兵器工場「小倉造兵廠」へと出発したのです。

（田中）　遺書　ご両親様
ただいまより、小倉造幣廠へ赴きお国のため一生懸命働きます。親に先立ち命を捨てる不孝をお許しくださいませ。　　哲子

Ｆ・Ｏ

Ｆ・Ｉ（REPLICA）

ＮＡＲ　彼女たちの仕事は畳一枚分の和紙をこんにゃくいもで作った糊で五枚貼り合わせる作業の連続でした。これを六百枚貼り合わせると、直径一〇メートルの気球になるのです。

久賀先生　はいっ、いちにい、いちにい。

SE（掛け声　いちにいいちにい）
F・O
河野　ここは秘密工場。窓には全部むしろがはりつめてあって、まるで目隠し工場。蒸気は抜け道がないからみんな水滴になって降りてきて、体中がべちゃべちゃ
久賀先生　はいっいちにい、いちにい、ほら、うきの入らないように。少しでも入ったら不合格ですよ。しっかり手のひらで気泡をだして、ほらっ、高見沢さん！　どうしたのっ。
高見沢　あの、こんにゃく糊と蒸気で気分が悪くなって。
久賀先生　なにたるんだこと言ってるんです。
伊川　先生、私たち、おなかがペコペコで…それでよけいに高見沢さんも気分が悪くなって。
河野　戦地の兵隊さんは草の根かじって飢えをしのごうって時よ、口にものがはいるだけでも幸せよっ。
久賀先生　そうっ。級長さんの言うとおり。今は非常時ですからね。さっ、気合いを入

れて。
はいっいちにい、いちにい。
高見沢　毎日こんなことをして一体何になるんだろう。私はなんのために学校に入ったんだろう。人殺しの武器をつくるために山口高女に入ったんじゃない！　私にはもっとやりたいこと、勉強したいことがあるのに…
伊川　幸子ったら、ぼうっとして、また糊固まってるよ。
高見沢　あっごめん。でも、バカみたいじゃない！
伊川　しっ、またっ。そんなこと言ったら国賊非国民って叱られるよっ。

F・I　(Merry Christmas Mr. Lawrence)
NAR　一月十五日　あられ
あられ降りて、足はちぎれるよう。家にいたらなあとホームシックにかかってしまう。足袋をはかずに帰ったので、冷たい上にまた鼻緒が切れて寒かった。

一月二十日　晴れ後あられ
眠くてだるくて仕方がない。食事は少なく労働時間は長い。みんな苦情を言っている。寮へ帰る途中、吹雪が吹き、寒くていけない。四時間睡眠して、また夜勤へ。辛い、辛い。これが特攻隊の勤めなんだろう。がんばれ！　がんばれ！

F・I（REPLICA）
久賀先生　はいっいちにい、いちにい。伊川さん、どうして変な貼り方するの、手のひらでやるのよっ。
河野　先生、伊川さんの手、水虫がひどくって、手のひらに点々って穴が開いてるんです。
久賀先生　まあ。赤チンじゃ、だめだったのね。
F・O
伊川　赤チンは和紙が染まるからだめだって叱られました。先生、私だけじゃなくて河野さんのしもやけも診てください！　右手の親指と人差し指が化膿していて。

久賀先生　まあっ、河野さん、診療所の軍医さんに見せましたか？

河野　はいっ。でもすぐに切開だって言われて。

伊川　ねぇ、麻酔もなしで？

河野　そうっ。それでいきなりメス入れられたので悲鳴をあげたら、この非常時にこれぐらいで泣くとは何事かって…。

久賀先生　みんなの痛み、これがお国を救う原動力、そう思って頑張ってくださいね。特攻隊として出撃する方に比べたら、まだまだっ。さあ、もう少し作ってね。

河野　先生、今日の分、もう終わったんですよ。

久賀先生　わかってます。でもあとこれだけ作ってくださいね。いいですねっ。

一同　はいっいちにい、いちにい。

F・I　（Germination）

NAR　彼女たちの仕事は一日二交代。夜勤のときは十二時におにぎりが二個と二粒の錠剤が配られました。

久賀先生　さあ、みなさん、夜食ですよっ。

一同　わあ！

高見沢　先生、この薬なんなんでしょう？

伊川　ちょっと幸子、むつかしいことは言わないのっ。なんだって口に入るものはありがたいものよ。

Ｆ・Ｏ

高見沢　でも、先生、これ覚醒剤じゃありませんか？

河野　また幸子ったらっ、女学生にそんなもの飲ますわけないじゃない。

久賀先生　そうよ、考えすぎです。私だっていつも一緒に飲んでるじゃないですか。

高見沢　でも先生、これを飲むと不思議に目が覚めるんですよ。死にそうなくらい眠たかったのに、やっぱりおかしいです。

伊川　そうよね、夜勤が終わる頃、急に頭がぼーっとなって、帰る時、体がふわふわして寮に帰るまでの周りの景色全く記憶にないもんね。

F・I（Prelude）

NAR　彼女たちの感じていた通り、その謎の錠剤は覚醒剤だったのです。山口高女百五十人が風船爆弾づくりから解放されたのは、昭和二十年三月のことでした。百五十人のうち、二十人あまりの女学生が過労や肺結核のため次々と亡くなってゆきました。同級生を多く失った彼女たちは戦後、風船爆弾について決して語ろうとはしませんでした。

F・O

「ラジオドラマ「風船爆弾」の物語は、語られることをほんとうはずっと待っていたのかもしれません。それを青木先生と高校生たちが見つけ出してくださった。感謝の気持ちでいっぱいです」。文化祭の後に届いた久賀先生のお手紙にあった言葉が今も私の背中をそっと押してくれる。「物語は、語られることを待っている」

## サビエル記念聖堂を記憶するということ～失われた風景～

ラジオドラマ「風船爆弾」の制作をきっかけに、生徒たちは他者の「物語」「人生の物語」に耳を傾けることに熱中した。もちろん、同じ言葉で話していても、世代の違う人々、自分たちとは異なる生活世界の中で生きている人々の物語をその語り手たちが感じるように深くは理解できないことに落ち込むこともあった。わかったつもりでいても、それが大きな隔たりを生むこともあった。それでも、私たちは「物語」を通してしか他者と通じ合えない、世界を認識できないという思いで「物語」創りを模索し続けた。

あれは一九九一年九月五日、文化祭を翌日に控え準備に必死になっている時間だった。さくらももこの漫画『ちびまる子ちゃん』にインスパイアされたみんなの小学校時代の思い出の語り「バック・トゥー・ザ・パスト～私がちびまる子ちゃんだったとき～」山口中央高校版『ちびまる子ちゃん』の最後の手直しをしているときだった。「きゃあ。火事」「サビエル記念聖堂が焼けてる…」。大きな声が聞こえ大騒ぎになった。ベランダに出るとサビエル記念聖堂からめらめらと炎があがっていた。茫然とその光景を眺めていた。誰かが泣き始めた。すすり泣きがどんどん広がった。それでも、サビエル記念聖堂が焼けているという事実から目をそらせてはいけないと、私たちは夜空にあがる炎をじっと見つめていた。『ちびまる子ちゃん』が大盛況だった文化祭が終わった当日、部長が話し合いをしたいと申し出てきた。サビエル記念聖堂についてだった。哀しいとか淋しいとか、それだけで終わってはいけないと思う。私たちにできることを考えようという話し合いだった。「風船爆弾」以降、あまたの作品を制作する過程で生徒たちは多くの人と出会い、語りを聞き、自身の生活空間である山口に強い愛着を抱き始めていた時だった。「サビエル記念聖堂の思い出を、多くの人の中に残っているサビエル記念聖堂の姿を、声の記憶として残したい」。切実なまでの思いだった。テレビでは連日、在りし日のサビエル記念聖堂の映像が流された。しかし、それはもうどこにもないものだった。だからこそ私たちは「声の記憶」としてサビエル聖堂を残したいと強く願ったのだと思う。大本雪先生の援助により出会うことができた神父さま、もっこ担ぎをした九十歳になるおばあさま、記念聖堂の隣の天使幼稚園に通う子どもたち。大勢の声を「サビエル記念聖堂を哀悼する記憶」として、私たちはラジオドラマ「失われた風景」を創っていった。

## 「失われた風景」

F・I（Some Children See Him）

相原　九月五日。あの日は夕方遅くまで文化祭の準備で学校に残っていました。クラスの展示に使うサビエル記念聖堂のスケッチをするため、みんなでテラスにでていました。

菊本　九月五日。お姉ちゃんの結婚式が近づいて、やっとウエディングドレスができあがりました。ウエディングドレスを着たお姉ちゃんのまわりで、私たちはおおはしゃぎでした。

内藤　九月五日。はげしく降った雨があがって、私はベランダからサビエル聖堂を眺めていました。建物をてらしていたライトアップの光が突然消え、煙があがりました。

中原　九月五日。ちょうど私がパジャマに着替えようとしていたとき、窓の外がピカリと光りました。外は真っ赤な火の海でした。

F・O

SE（サイレンの音、消火作業の音）

ＮＡＲ　今夜九時一七分ごろ、山口市亀山町のサビエル記念聖堂から出火し、現在も消火活動が続けられています。

村上　私が駆けつけたとき、お御堂の内部はもう火の海でした。消防車のホースの水も塔の先端までは届きません。

亀山から夜空にむかって、大きな火柱が立ち上がっていました。ぱちぱちとすさまじい音をたて火の粉が空に舞っていました。

ステンドグラスの美しい色が炎にてらされ、一瞬浮かび上がったと思ったら、すぐにはじきとばされていきました。

パイプオルガンのパイプの先に、まるでろうそくの灯りのように炎が揺れていました。ドスンという大きな音とともに、パイプオルガンは崩れてゆきました。

突然右側の塔からカーンカーンと三度鐘の音が響き、まず左の塔、それから右の塔と崩れ落ちてゆきました。

正面の壁の十字架がゆっくりと傾き、速度をまして内側に崩れてゆきました。

NAR　一夜明けた六日朝。聖堂はモルタルの壁を一部残し、内側は焼け爛れた瓦礫の山です。中に八本の丸い柱が空に向かって立っています。すべてが焼けてなくなってしまいました。失われたものはかえってはきません。でも、私たちの心の中のサビエル記念聖堂の思い出は、逆にこの惨憺たる焼け跡から次々とよみがえってくるのです。

F・I（神に実りの種を）

小田　幼稚園のころ、お御堂でお祈りをしました。中はひんやりして涼しく静かでした。みんなで並んで木のいすに座りました。お御堂の中では、一生懸命よけいな音をたてないようにしました。

相原　私が小学三年生のころ、サビエル聖堂の横の英会話教室に通っていました。まったくわからない英語をいやいやながらやっていました。一五分に一回鳴る鐘の音がチャイムで、いつもぼーっとして「早く終わらないかなあ」と考えていた私にとって、この鐘の音は神様の声のようでした。

中原　サビエル聖堂は私にとって一番身近な異国でした。でも、十字架に打ち付けられたキリストの像はあまりに痛々しくて子どものころは怖かったです。

永田　天気のいい日はステンドグラスが日に照らされてきらきら輝いていました。サビエルの一生を描いたという二四枚のステンドグラス。お祈りをしながら教えを広めたサビエルの喜びと苦しみを考えていました。

佐々野　私は天井いっぱいの絵が大好きでした。水色の空と白い雲、真ん中に光る鳥。イエス様に冠をかぶせようとしている天使たち。今もはっきり思い出します。

山田　お御堂いっぱいに響いていたパイプオルガンの音。私は小フーガト短調が大好きでした。

藤井(よ)　あれは夏祭りのころ、満月でした。紫色にライトアップされた聖堂が浮かびあがって本当にきれいでした。

渡壁　小さかったころクリスマスイブと初雪がいっしょにやってきました。白いベールに包まれた聖堂はきらきら輝いていました。

村松　亡くなったおばあちゃんは、サビエル記念聖堂を建てるとき一生懸命働いたそうです。リアカーを押して、もっこをかついで、みんなで土を運んだそうです。

藤井（ゆ）　小学校の運動会で組み体操のさいごにサビエル聖堂を作りました。出来上がったとき、ちょうどゴーンゴーンと響いていた、あの鐘の音が忘れられません。

石丸　おかあさんと喧嘩をすると、決まってサビエル聖堂に行っていました。何かが全部いやになったときもサビエル聖堂に行きました。そうすると、不思議に心が落ち着いたものです。

相原　子どものころからサビエル聖堂でのウエディングに憧れていました。ステンドグラスの光とパイプオルガンの音色に包まれてのウエディング。お姉ちゃんは、その日を指折り数えて待っていたんです。

中原　時計をもたないで遊びまわっていた小学生のころ、鐘の音で時間を知ることができました。今でも時々あの音が聞こえてくるような気がします。

F・O

ＳＥ（サビエル記念聖堂の鐘）

ＮＡＲ　一九九一年九月五日夜、山口市亀山町のサビエル記念聖堂は焼けて無くなってしまいました。

ＳＥ（鐘と鳥の声）

## 一人の友の物語～アフリカからの手紙～

生徒たちの声を、語りを、一つの「物語」として紡ぎだすラジオドラマ制作は、いつしか「声のプロジェクト」と呼ばれるようになった。その「声のプロジェクト」の中には生きる哀しみをテーマにしたものがいくつかある。「話したくない」記憶が、物語られることによって、また他者によって語りなおされる中で、新たな物語の創出につながる可能性があることを話してみたい。きっかけは、私が長年誰にも語ることのできなかった一人の友人の物語である。アフリカで亡くなった私の友は、「幸福の瞬間を見たい」という言葉を残し、モザンビーク、テテ州へ井戸掘りにむかった。井戸が掘り上がったという手紙を最後に、友とは音信不通となった。そして数年後、私はその友が現地で亡くなったということを、遠い風の便りで初めて知ったのだ。友の死を受け入れるという「喪の作業」にはずいぶん時間がかかった。忘れたふりをして何年も過ごしてきたのは、その友のことを思い出すことが、とぼとぼと下を向きながら、それでも、誰にもよりかからないという頑なまでの高校時代の日々を想起することにつながっていたからだ。ところが、授業で川田順三の作品「声」に出会ったとき、私の気持ちは少しずつ変わり始めた。アフリカの無文字社会、モシ族のフィールドワークに始まる考察「声」は、私の心を大きくゆさぶった。「死者の名を呼ぶ」モシ族の風習を追体験する中で私は考え始めた。語られることによって、「声」によって過去を現在によみがえらせることができる、語られることによって過去を現在に凝縮することができると。「物語は語られることを待っている」、私はすがるような思いで川田順三の「声」に耳を傾けた。そして、いきなりのように鉛筆を握り原稿用紙の上に必死で言葉を紡ぎだそうとした。高校時代の私をめぐる「声の記憶」、そして、それをそっと支えてくれた友の物語を。私の大切な人々が落としていった小さな記憶のかけらを私は一生懸命拾いあつめて「物語」を紡ぎ始めた。

私の中に、井戸の周りではしゃぐアフリカの子どもの姿が、そして、それを見つめる友の姿が次々に浮かび上がった。その映像を追いかけるように、私は必死で筆を走らせた。もう、今はここにはいない人々となつかしい会話を続けながら。「風を見た日」と題する初めての物語がフェミナ女流文学賞の最終選考まで残ったことを後に雑誌で知った。結果はどうでもよかった。私は、物語を語ることで、自分自身の過ぎし日の記憶と丁寧に向き合い、亡き人々との対話を続けることで、現実を少しずつ受け入れることができるようになっていったのだから。そして「物語」に助けられたということを、私は、生徒たちに語りたいと思うようになっていった。哀しいこと、辛いことがあったとき、また受け入れがたい困難にぶつかったとき、私たちは「物語」の力によってそれを忘れられないものにしていくことが可能なのだということを。初めて友のことを語った日、生徒たちは一生懸命耳を傾け、私とともに静かに涙を流してくれた。放課後、放送部の部長だった美智子さんがこう言った。「先生、お願いがあります、先生のアフリカからの手紙をラジオドラマにさせてください。創らせてください」。三〇数名の部員全員が立ち上がり、まっすぐなまなざしで、私を見つめ頭を下げた。ありがたかった。そんな彼女たちの思いが、本当うれしかった。

「アフリカからの手紙」

F・I（キクユ族の踊り）

みち　めぐみちゃん、まず、なんだかんだと家中をびっくりさせたり、怒らせたりしたこのオネエことおねえちゃんの突飛な行動を、一応ごめんとあやまっときます。でも、私は後悔なんかしていません。後悔どころか、オネエは間違っていなかったと確信を深めています。

F・O

めぐちゃん、ここは、モザンビーク。テテ州シャンガラ村は、水のない地獄の村です。日本のニュースでもたびたび報道されたように、近年にない日照りなんです。八ヶ月間一滴の雨も降っていないんです。だから、草は枯れ、このあたりの主食のトウモロコシまでも、ことごとく枯れてしまっているんです。ここに家があるから、よそにはいけないんです。でも、村の中に水がない。井戸がないんです。共同井戸は、ここから歩いて一〇キロから一五キロの枯れ地の彼方です。その一五キロの道を村の子どもたちは毎日水汲みに行きます。頭の上に水がめのせて、すきっぱらかかえて…水がなければ死にます。まず、水、食べ物はその次です。よろめきながら、毎日一〇キロ、往復二〇キロから三〇キロ、五時間、六時間かかるでしょうか。めぐみちゃんのいる日本では到底考えられない、わかりっこない。これがアフリカのモザンビーク、テテ州シャンガラ村の現実なんです。だからオネエはここへきた。ここへ、井戸掘りに来た。この二日間、一人ずつ飢えと渇きで死んでゆく、カサカサの村に水を出しにきたんです。井戸さえ掘れば、水さえ出れば、六〇〇人の村人がみんな助かるんです。オネエが「卒業したらアフリカに行く」といい続けてきた本当の意味が、今このシャンガラ村へ来てはっきりわかったんです。

F・I（キクユ族の踊り）

井戸掘りはもう始まっています。二週間前ここへ入ったその日から、私たち二六人のボランティアが休む間もなくとりかかっているのです。

F・O

ニュースキャスター　ニュースでもたびたびお知らせしておりますが、ここ八ヶ月間、旱魃《かんばつ》で一滴の雨も降らなかったシャンガラ村へ入った日本からの井戸掘りボランティア部隊は、連日四〇度近い暑さにめげず、日本から持ち込んだボーリング機械を駆使し掘削《くっさく》を続けています。

SE（掘削の音）

めぐ　しかし、昨日までのところ、まだ水脈にあたっていない様子です。それでも井戸掘りボランティアの方々誰一人脱落するものはなく、「シャンガラ村の兄弟に水を」。それを合言葉として、乾いた大地に鑿《のみ》を打ち続けています。みんなの反対を押し切ってアフリカのモザンビークへ井戸掘りにいった姉美智子から初めて便りがきました。手紙にもあったように、オネエこと美智子のアフリカ行きは本当に突然でした。「私卒業したらアフリカに行く」。あの日オネエが全くだしぬけに言ったんです。

（回想シーン…エコー）

みち　あのね、めぐちゃん、私卒業したらアフリカに行くことに決めたの。

めぐ　えっ、アフリカ？

みち　アフリカに井戸掘りに行こうと思うの。

めぐ　どうして？

F・I（青いくるみ）

みち　私の先輩に福山さんっていて、今モザンビークで井戸掘りやってるの。福山さんがこう言ったの「人間の幸福って単純なもんなんだよな。井戸から水がふきだして、その中で、飛び跳ねる子ども見てるとわかるんだ」って。

めぐ　人間の幸福？

みち　私に一体何ができるのかわからない。でも、めぐちゃん、私、そんな幸福の瞬間を掘り起こしに行きたい。

F・O

めぐ　母親は姉の大学の教授にまで頼みに行きました。「どうか、アフリカなんかへ行かぬよう、先生からも説得して」。でも、姉は行ってしまいました。オネエの馬鹿。最初私はただただ、姉の突飛さに怒り狂いました。が、すぐに、そうだ、もし、私が福山さんという先輩を持っていて、もし、その福山先輩にひかれているとしたら…そう考えてあっと思いました。姉のゆくところは、福山さんのいるところでなければならなかったんだ。私は初めて、姉の気持ちがわかった気がしました。

F・I（東アフリカの子どもの歌）

みち　めぐちゃん、元気ですか？　井戸のほう、なかなかはかどらず、みんな少しあせっています。でも、その間に、私はシャンガラ村の子どもたちと仲良くなったんです。

F・O

ニーニャという女の子がいます。そのニーニャ、めぐちゃんによーく似てるの。美人です。ニーニャには父親がいません。ニーニャは、近所に働きに出ているお母さんのかわりに弟の世話をします。弟のロガティは五歳半。でも食料不足からくる栄養不足のせいか、立ち上がることも歩くこともできず、ぱさぱさの地面を犬のようにはってるんです。脳にも障害を起こしているんでしょう。五歳半というのに「ギーヨン」っていう言葉しかしゃべれません。私が、私の配給された水を少し飲ませてやると、ロガティは大きな目で私を見つめながら「ギーヨン、ギーヨン」と繰り返します。「ギーヨン」はありがとうっていう意味の言葉です。

F・I（東アフリカの子どもの歌）

そうそう、今日、福山さんから子どものあつかいが上手いねってほめられたの。やっぱり、来てよかった。めぐの手紙待ってます。　　みちこ

F・O

めぐ　お姉ちゃん、ニーニャやロガティのために私にできることはないでしょうか？　そのニーニャとロガティのこと、今日学校でみんなに話ました。みんなシーンとなって…今度の文化祭ね「アフリカの友を救え」をクラステーマにすることにしたの。私たちに今できることは何なのか、みんなで考えてみたいと思います。一日も早くシャンガラ村の井戸が掘れますように祈ってます。　　めぐみ

F・I（ブラック・フォレスト）

みち

めぐちゃん、ありがとう。文化祭のこと、福山さんやスタッフのみんなに話しました。みんな喜んでいます。こちらは毎日四〇度近い暑さ、ボーリング機械が動かず困っています。共同井戸でも水位がだんだん低くなり、水汲みの子どもにとっては苦しい毎日となっています。

そうそう、子どもといえば、最近村の子どもたちの間でとても恐ろしい症状がで始めています。衰弱の激しい子どもたちの目が変なんです。

始めは青っぽい膜を帯びた目がだんだんふくれた感じになり、ある日突然真っ白になるんです。ちょうど、落とし卵をつくるとき、煮立った湯の中に卵を落とすと全体がぱーっと白っぽくなる、そんな感じで目がぶくぶくふくれていって…

落とし卵を鍋から皿に移そうとすると卵がぞろりと流れるように、そんな風に目が眼球がぞろりとでてくるの…おそろしい、本当におそろしい…それからついに、この村にも戒厳令がしかれました。ゲリラが出没するのです。井戸と私たちを守るため、宿舎の周りには兵士のキャンプが作られました。でも、その分、ゲリラのターゲットにされる危険のほうが高いと福山さんは言っています。だけど、心配はいりません。私は福山さんや仲間を信じてひたすら毎日の仕事に励むつもり…でも黙って死んでいく子どもをただ見ているだけしかできない自分の無力を本当に情けなく思う。

美智子

めぐみ　その恐ろしい手紙を受け取ってから、おねえちゃんのたよりは途絶えてしまった。ゲリラにやられたのかな、病気にでもなったのかなあ…悪い予感ばかりの何ヶ月がすぎて、日本は桜の季節となった。そんなある日久しぶりの手紙が届いた。

みち　めぐちゃん、出た出た！　ついに水が出たよ！　やっと水脈にあたって今日ついに水がでたんです。ニーニャたちが飛び跳ねて喜んで、それから村の子どもたちがみんなでおいしそうにごくごくのどを鳴らして飲むの。

F・I（ラブ・スピン）　いい水です、安心して飲める水です。もう何キロも水運びしないでいいのです。

やがて村の女の人たちが頭に水がめ載せて泣きながら長い長い列を作った。すると、一人が歌い出した。村中の人が歌った。泣きながら歌ったんです。福山さんも私も涙が止まらなかった。めぐちゃん、オネエが私がアフリカで見たかったのはこれだったんです。

F・O

めぐ　水が出た…喜びの手紙が来たその後今度は、オネエは福山さんとこへお嫁に行きます…なんて手紙がくるんじゃないかと期待してたら、また急に便りが途絶えてしまった。

SE（機関銃の音）

NAR　大村美智子、一九九三年四月一一日、モザンビーク、テテ州、シャンガラ村において、反政府ゲリラの襲撃をうけ、ボランティアリーダー福山玲さんとともに死亡。

F・I（ラブ・スピン）
F・O

## 家族になってゆく～私の父さん～

「アフリカからの手紙」は、一九九二年に続き、全国高校放送コンクールで全国一位を受賞し、マスコミで大きくとりあげられ、国際協力機関からの取材も続いた。作品づくりの中心であった部長の美智子さんは、「ラジオドラマ制作を通して考えたこと」という論文で「いきいき活動奨励賞」を受賞した。その文章の最後に彼女はこう語っている。「…作品制作に関わるまでは、アフリカ難民の姿がテレビで映し出されても、かわいそうに、という同情の気持ちが湧いただけだったが、作品を作り終えた今は、もし、私がそこで暮らす子どもだったらと、自分のこととしてその問題を考え始めるようになった。アフリカの人々を援助するということ、外に向かうことを考えることは、逆に、日本人である自分自身に向かうことであったということだ」

その授賞式に向かう時、おっちょこちょいの私は美智子さんとの話に夢中になり、特急のプラットフォームを間違えてしまった。発車する特急の車掌に向かって必死に手を振ると、車掌もにこやかに大きく手を振り返してくれた。「先生、山口線じゃないんだから、いくら手を振っても停まってくれません」と美智子さんは笑いをこらえるのに必死だった。結局、私たちは各駅停車の電車に揺られ徳島に向かった。暖かな日差しがいっぱいの車両には私たちのほか誰もいなかった。本当にごめんね、ひたすら謝る私に美智子さんは「全然です。むしろ、こうやって先生と二人でゆっくり旅できるほうが嬉しいです。いつもはみんなが一緒で、なかなか先生と二人っきりにはなれないから」。そう言って微笑んだあと、いきなり語り始めたのがお父さんの話だった。「先生、私のお父さんって本当の父さんじゃないんです。私ずっと、今の父のことを父さんって呼べなかったんです」。なぜその話をしようと思ったのか彼女自身も当時はわからなかったという。ところが、卒業して一〇年が経ったころ彼女はこう語ってくれた。「先生、私、想像の中で何度も何度もアフリカへ行き、何度も何度も井戸を掘りました。それだけ思いをこめた作品、いや、こめなければいけない作品でした。でもそうしているうちに、なぜか、不思議なんですが、自分の心に閉じ込めていたもの、今まで誰にも言えなかった思いがどんどん浮かんできて…自分の弱さとか、過去への未練とか、本当の父への想いとか、今の父への想いとか、いろいろ浮かんできて、それで急に先生に聞いてもらいたくなって」

電車の中での美智子さんの語り、そのときの表情を、私は今でもはっきりと思い出す。そして、この深く、切なく、そして、あたたかな家族の話を仲間たちにも話してもらえないだろうかと考え始めていた。重い障害を持つ兄、酒と借金で暴力を繰り返す父、鬱に苦しむ母…元気に笑顔で部活動に励んでいても、家族のことで苦しんでいる部員が多かったからだ。最初躊躇したが、数日後、美智子さんは父さんの話を語ってくれた。仲間たちは静かに涙を流し続けた。美智子さんの物語は仲間を勇気づけた。美智子さんの物語がみんなの、私たちの物語として広がっていく、そんな予感の中、彼女は自身の家族の物語をラジオドラマ化することを承諾してくれた。

**「私の父さん」**

SE　女子高のざわめき、チャイムの音。

内藤　今からクラスの住所録を配ります。間違いがあったら私、内藤まで言ってきてください。

内藤　私は内藤美智子、山口中央高校の三年生。新学期始めにクラスの住所録を配る時間が小学生のころの私はとてもいやでした。

井口　ねー、みっちゃん、どうして、みっちゃんち、お母さんの名前しか書いてないん？

内藤　そのころの私は母と妹の三人暮らしでした。でも、私は父は単身赴任だと信じていたから、どうして父親の名前の欄が空白なのかとても不思議でした。

ＳＥ（ハーモニカの音）

内藤　私の父はハーモニカがとても上手でした。かっこよくて、優しくて、何でもできる父が大好きでした。だから、そんなやさしい父がどうして母を泣かすのかわかりませんでした。
新築の家を売り、逃げるように岩国市へ引っ越しましたが、今になって思うと、あのころ、私の家は父のしょいこんだ借金で首が回らない状態だったのだと思います。
その岩国で、母は昼も夜も働きました。でも、腎臓の病気をもっていた母には夜の仕事は無理とみえて日に日にやせてゆきました。真夜中出て行こうとする父を泣き叫びながら引きとめたこともあります。

SE　（電話の音）

内藤　あれは、小学二年の終わりのころでした。いとこの家で遊んでいると、父から電話で「お父さんは、今から行くからね。みっちゃんはお姉ちゃんなんだから、よっちゃんに優しくしてあげるんよ。じゃあね、バイバイ」

そのバイバイの意味がわかったのは、それから二年後でした。

内藤　毎日毎日、私は学校の帰りに妹を保育園に迎えに行きました。保育園の親子ふれあい学習には母のかわりに参加しました。そのとき、保育園の先生に「みちこちゃんがお母さんの仕事、毎日とってゆかんとだめよ」と言われ。私は家に帰ると掃除、洗濯、皿洗いを必死でやりました。母に恥をかかせないために学校も一生懸命やりました。

小学六年のとき、母がおすし屋さんに勤め始めたころ、その店の板前のおじちゃんが私の家によく来るようになりました。その人はいつも無口で、あまり笑わず、ちょっと怖い感じでした。私はその人がどうしても好きになれませんでしたが、妹のよっちゃんは、その人にとてもなつきました。

よしえ　ねぇねぇおじちゃん、今日よっちゃんちに泊まっていって。
内藤　私はそんな妹を「私たちにはお父さんがちゃんといるんだから」と叱ったこともありました。
ある夜、母が突然再婚してもいいかと言い出したんです。母一人では私たち姉妹を進学させられないというのも再婚の理由だと言います。
内藤　再婚？　いやっ。私絶対いやだっ。だって、私のお父さんは一人しかおらんもん……
母はうつむいて黙っていました。すると妹がこう言いました。
よしえ　あのね、お姉ちゃん、よっちゃんね、お父さんがほしいんよ。だって、めぐちゃんも、ゆうこちゃんも、みーんなお父さんおるのに、よっちゃんだけ、お父さんおらんもん。
内藤　息のつまるような毎日が続きました。母は折りあるごとに私を説得しようとし、私はそれがいやで放課後近くの公園で時間が経つのをじっと待っていました。そんな、ある日。
よしえ　お姉ちゃん、こんなに遅くまでどこにいっちょったん、今日お母さんが倒れたんよ、おじちゃんが、病院に連れてってくれて…だから、よっちゃんはお姉ちゃんが帰るのをずーっとまっとったんよ。

内藤　母は私のことで心痛が続いたせいか、もともと悪かった腎臓が一気に悪化してついに倒れてしまったのです。

おじちゃんは、毎日つきっきりで看病をしてくれました。板前の仕事もあるのにそれをほおっての看病。それがどんなに大変なことか、小さい私にもよくわかりました。母が退院した日、私は泣きながら再婚の承諾をしました。

母が再婚してからも、あのおじちゃんが家にいるかと思うと抵抗がありました。それに、新しい苗字である内藤にもなかなかなじめません。教科書もノートも持ち物全部に書かれた前の苗字を黒のマジックで消した下に内藤美智子、内藤美智子。私は心の中で、いやだ、いやだと叫んでいました。

そんなある日、私はクラスの五、六人相手に口げんかをしました。次の日、仲良しの従妹のあきちゃんが声をかけてきました。

あき　みっちゃん、どうしたん？　元気ないね。昨日のけんかのこと？

内藤　あきちゃん、先生がね、昨日電話してきて私がみんなと大げんかしたのは、

あき　家が再婚がうまくいっとらんからじゃないかって。私、悔しくって。私がけんかしたのと再婚と何も関係ないのに。

内藤　でも、私、やっぱり、みっちゃん、このごろ変って思うよ。よっちゃんも、この間いいよった。

あき　なんて？

内藤　お姉ちゃん、いっつも怒っとるって。それに、いつまでたっても、おじちゃんと口きかんって…おじちゃん、ええ人じゃあね、よっちゃんにもやさしいし…おばちゃんが元気になったのも、おじちゃんのおかげって、みっちゃんも言いよったじゃん。

あきちゃんの言うとおりでした。でも、私はどうしても父さんとは呼べませんでした。

新しいアパートに引っ越した次の日、夜中にふと目がさめて、眠られぬまま荷物の片付けをしていたら、奥から小さく折りたたんだメモのようなものがでてきました。それは、前の父が母に残した手紙でした。「あなたは、いつも勝手でした」と母を一方的に責める文から始まり、次に自分が母にこうしてもらいたかったという要求が並べてあり、終わりに「だから、私はこれ以上あなたと一緒にはいられないんです。美智子やよしえをよろしく頼みます」と書いてありました。

ＳＥ（ハーモニカ）

内藤　読んでいると、あのハーモニカの音と一緒にたくさんの思い出が頭をぐるぐるかけめぐります。それと同時に、父親の身勝手さが子ども心にも痛いほどわかったのです。涙がどんどんあふれて、一晩中声を殺して泣きました。夏休みになって、おじちゃんは私たちを山陰旅行に連れて行ってくれると言いました。妹は大喜びでしたが、私は絶対に行かない！　と我を張りました。本当は初めての旅行で行きたいなあと思っていたのに…結局、従妹のあきちゃんも一緒ということでしぶしぶ行きました。旅先でおじちゃんは一生懸命案内してくれました。とても楽しかったのに、家に帰ってからも私はありがとうが言えませんでした。それなのに、おじちゃんは笑って「また今度行こうな」って言ってくれたのです。その晩、布団に入って私は「私ってなんて嫌な子なんだろう」と自分のいじけた姿を反省したのです。そして、そっと「父さん、父さん」と誰にも聞こえないように布団の中で繰り返しました。

SE（小学校、運動会のざわめき）

内藤　小学校最後の運動会で、私は児童代表の挨拶をしました。最後に「児童代表、内藤美智子」と私が内藤という名前を高らかに名乗ったとき、おじちゃんが涙を流したということを運動会から帰って母に聞きました。それから、運動会の前の晩、おじちゃんは仕事のため夜中の三時に帰ってきて徹夜で私たちのお弁当を作ってくれたとも聞きました。その夜、新しい父の前に正座して私は初めてはっきりと言えたのです。「父さん、ありがとう！　それから…今までごめんなさい」。母が声を上げて泣きました。私も父も泣きました。

F・I（予感）

内藤　あれから六年、わたしはもう、前の父を恨んでいません。でも、会いたいとも思いません。だって、私の父は、世界中で今の父さんただ一人なのですから…

F・O

三〇歳になった美智子さんはこんなふうに語る。「私の話を一生懸命受け止めてくれる仲間や先生に励まされ、私は、自分の辛い過去と向き合うことができ、もう一度生き直すことができた気がします。過去の事実は変わらなくても、それを意味づける私の視点が変わったことで私の物語は大きく変わったんです」

一人の物語は時空を超えてつながっていった。このラジオドラマ「私の父さん」が小さな一粒の種となり、次の赴任校である山口農業高校の最初のラジオドラマ「さよなら　トン吉」を生む大きな力となったのだから。

## 忘れられないこと～山口農業高校の日々～

一九九六年私が赴任した山口農業高校は「ムカツク－キレル」現象が多発する山口県屈指の教育困難校だった。全校生徒六〇〇人弱の高校で、前年の退学者数七〇名と聞いたときは、さすがに驚いた。私が農業高校への赴任をすぐに承認した時、山口中央高校の校長が涙を流し握手を求めた、その意味がわかるような気がした。誰もが赴任を躊躇する、それを退学者の数字が物語っていた。たしかに、春休みに校内でみかけた生徒は、やんちゃを絵にかいたような髪型、服装、しぐさであった。が、動植物の世話をする姿はすこぶる素直で笑顔が素敵だった。だから、ガラスを割ったり下駄箱を蹴ったりするなど器物破損の現場を目の前にしたとき、私には彼らの姿が痛々しいものに思えてしかたなかった。思いを言葉で伝えられないから「キレル」という直接行動で表すしかない、そんな風に見えたのだ。

初めての農業高校の授業は、三年生、生物生産科だった。教室前の廊下では生徒たちがキャッチボールやサッカーで盛り上がっていた。教室に入ると早弁の真っ最中で、ほかにも化粧直しに余念のない少女、髪をコテで整える生徒など、授業前とはとても思えない混沌ぶりだった。チャイムが鳴ったので「はい、始めます」と言っても席に着いてくれず、一人ずつ声かけをし、教室の椅子に座らせるのに数分かかった。やっとそろって、「では、始めます」と号令を促した時、いきなり、教室の一番後ろの席の少年が、がたっと大きな音を立て、立ち上がり、からだをゆすりながら教卓の前にきた。ひさしのように突き出た前髪、およそ一五センチくらいのがっちり固められた前髪に剃りこんだ眉、ビーバップハイスクールそのままだ。と思ったそのとき「ひさし」少年が教卓をがーんと叩いた。「何か、御用?」と訊くと、「ひさし」少年一瞬きょとんとして「用はないっ」と怒鳴った。「髪、時間かかるね」「三〇分」「お金もかかるね」「おれんち、美容院」。そう言ってポケットに手をつっこみ、からだを揺らして「ひさし」少年は自席に戻った。くすくす笑う声や「遠藤さん、よかったすね」と彼をもちあげる声、急に教室の雰囲気がやわらいだ。「すごいね」と、改めて髪型を見つめる私に、「こいつ変わっとるわー」と誰かが大声で叫び、また教室がどよめいた。「私は青木幸子です。みなさんと一緒に一年間、国語の勉強をします。私は農高にきたのに、農業のことがまったくわかりません。だから、みなさんの方が先輩です。そこで、さっそくみなさんにお願いがあります」「えーっ」。どよめきが起こった。「みなさんが農高に入学してから今日まで、いろいろなことを体験してきたと思いますが、その中で「忘れられないこと」を教えてほしいのです」「えっ、いっぱいありすぎじゃあやぁ」「トン吉のこと、話ちゃれーや」と前の生徒たちが言い始めた。「えっ、トン吉って?」「豚、F1の」「F1って?」「えー先生なのにF1も知らんのけぇや。」「F1ってレースの?」「豚って言うちょらぁや」「あのね、先生、F1ってね、純粋種を掛けたハイブリッドポーク」「ハイブリッド?」「そう、やけぇ、おれらあ、F1のことはハイポーって呼んどる」。他の生徒たちもどんどん話に入ってくる。「先生、トン吉って里子の豚で、いじめにあっちょるんよ」「いじめ? 豚のいじめ?」。豚のトン吉から始まり、二一九という牛、鶏、野菜…生徒たちは自分の担当しているものを素材にいきいきと語ってくれた。おもしろくて、おもしろくて、もっともっと知りたくなりどんどん近づく私に驚きながら、彼らも本気で語ってくれた。それなのに、なぜかいつも最後が「でも、どうせ俺らぁ農高生じゃけぇ」で終わるのだ。なんだかそれが悔しくて、哀しかった。それでも訊きたがる私に「先生のあだ名は、たがりやじゃあ。俺らの話をなんでも聞きたがる、知りたがる、おもしろい先生じゃあ」。初めての授業が終わり職員室に帰る私を先生方は戦々恐々と待っていた。私は猛ダッシュで帰り「すごいです、いっぱい話きけて、ほんとうに、すごいです!」。いきなり人だかりができ、教頭先生までやってきた。「トン吉やら、二一九やら…」。聞いたばかりの話を弾丸トークで語る私に「嘘みたいじゃのう。遠藤らぁが、そんな話をしよったんかあ」。生物生産科の先生方がうれしそうにおっしゃった。「ありがたかったです、いろいろ聞かせてもらえて。でも、ちょっと、気になることがあって」。にこにこしていた先生たちの顔が急に固まった。「ほんとに、すごい経験していて私ものすごく感動して、でも、決まって最後に、どうせ俺らぁ農高生じゃけぇって言うんです。なんでそんなこと言うんって、なんか私、悔しくって」「青木さん、知らんの? うちの生徒たちのこと、周りの小学校の先生らぁがなんて言いよるか。農高のお兄さんやお姉さんとは、目を合わせてはいけません。そう言われよる」。私は悔しかった。哀しかった。私はそのとき決意した。「どうせ」が口癖の生徒たちが誇りを持って「俺らぁ農高生じゃけぇ」と胸をはれる日のために私は生徒と一緒に必ず何かを創り出す、それが私のミッションだと。そこから私の農業高校での「声のプロジェクト」が始まった。

## 俺らぁもラジオドラマをつくりたい〜さよならトン吉〜

生徒の語った「忘れられないこと」を私はいろいろな人に話したくてたまらなかった。そうだっ、私は図書館に駆けこんだ。司書の右田先生にどうしても話したかった。先生は、うんうんとうなずきながら「よかったね青木先生、生徒たちがそんなに素直に話してくれて。本当に、いい子たちじゃろ？　私、大好きなんよあの子たち。農高に来た普通科の先生は、来たその日から早くこの学校を辞めたい、かわりたいって考えとって。生徒たちはそれを一番よく知っとるから、先生みたいに一生懸命話を聞いてすごいなあって感動してくれる人に会ったん、初めてじゃないかねえ。私も本当にうれしい」。農業高校一五年のベテラン司書、右田先生がいてくださったからこそ、私の農高での実践活動は可能になった。そう言いきれるくらい右田先生のサポートは大きかった。現に、その話をしていた昼休みにさっそく軍団がやってきたのだから。「青木おる?」。そんな風に入ってきた生徒たち一〇名を前に、右田先生は立ちはだかり「青木という人はいません。ここにいらっしゃるのは青木先生です。はいっ、言いかえる」「青木、先生、いらっしゃいますか?」。私をぐるりと囲んで彼らは言った。「先生、俺らぁも、ラジオドラマが創りたい」。驚く私に藤井君が続けた「俺らぁ、先生が前おった山口中央のラジオドラマのファンやった。KRYとかTYSとか、よう先生は生徒と一緒にでちょったよね。俺らぁも、ずっと、あんなラジオドラマ創りたいっておもっちょった、で、先生が今日、俺らぁのトン吉の話、すごいねすごいねって言うてくれたんが、うれしゅうて、俺らぁも創れるかもしれん、いや創ろうやぁって先生にお願いにきた」「もちろん、ぜひ、一緒に!」「よかったのぉ」。歓声にかぶせて右田先生が、「青木先生、録音や録画の機械はね山本先生がいっぱい持っとってやけえ、貸してもらうのがいいよ。きっと編集も手伝ってくれてじゃけえ、今から電話しちょく。豚の取材するんなら大石先生と米原先生にすぐに頼むのがいいけん、それも私から連絡しとく。それと」。右田先生は、敏腕マネージャーのように、いろいろな先生と私を結びつけるアクションを数分後には起こしてくださった。ありがたかった。農業高校赴任一〇日後、奇跡のようなコラボレーションによってラジオドラマ制作が始まった。農高初めてのラジオドラマ「さよならトン吉」は、そのブタの語りから始まる。

**「さよならトン吉」**

SE　子ブタの鳴き声
かず　おっす、トン吉、今日も元気か？　いっぱい食べて他のブタみたいに大きくなれよ
トン吉　ブーブー、僕は農高のブタ、名前はない。でも、ぼくに餌をくれてるかず君はぼくのことを「トン吉」って呼んでる。ぼくは、かず君が大好きなんだ。あれは、ちょうど一ヶ月前、母さんブタと別れた日のことだ。ぼくは、いじめブタにいじめられていたんだ。
豚A　ブー。うるせえな、いつまで泣いてるんだよ。
トン吉　ブー。だって、もうずっと母さんに会えないんだ。お乳も飲めないんだ。悲

しいよ。
豚B　ブー。泣くのはやめろ。大体おまえなんか。よそもんなんだ。
トン吉　よそもんって？
B　ブー。よく見ろ！　お前のからだ、俺たちと色が違うだろう？　みんなピンクなのに、お前は黒と白だ、ブー。
A 顔だって、おまえは狐顔だし。しっぽだって、こんなにくるくる巻いてぇ。
     おいっ、こいつかじってやろうぜ、ブー。
トン吉　いっ、痛いよ、やめてよーブー。
かず　おらおら、やっ、やめろよ、何するんだっ、いじめるんじゃない。おいで、トン吉。おっ、お前しっぽどうしたんだ、血がでてるぞ、痛かったろうな。よしよし待ってろ、ヨーチンで消毒してやるからな。
SE　ブタの声
トン吉　ブー。かず君は僕のからだをきれいに洗って傷口は消毒してくれた。ぼくは、すっごいショックで四一度の熱が一週間続いた。かず君はずっとぼくのからだをなでて励ましてくれた。
かず　おらおら、いいかぁ、トン吉、早く元気になれよ。そして、いっぱい食べろよ。ちっちゃいからいじめられるんだぞ。トン吉、お前は毛並みがいいブタなんだぞ。お前の本当の母さんはハイポーっていってすごいブランドのブタなんだぞ、お前はすごいブタの子どもなんだぞ。

SE　ブタの声
トン吉　ブーブー。かず君のおかげでぼくはすっかり元気になった。他の兄弟ともうまくやってる。もっとも、去勢手術のときは怖くって、やっぱりまた熱をだし、かず君に心配をかけた。
しゅん　かずくーん、まだ？　早くしてー。
かず　ごめーん、俊介。もうちょっとだから、入ってまってて。
しゅん　おれ、ブタが死ぬほど苦手なんだよ。
かず　どうして？　結構かわいいよ。
しゅん　かわいい？　臭いし、汚いし、がつがつ食って、ぶくぶく太って。しっ

かず　しっ。おいっ、くるなよ、なんだよこいつ、なれなれしい。
しゅん　こいつ、トン吉っていうんだ。
かず　トン吉？
しゅん　すっげえちっちゃいだろう？　こいつだけ里子のブタなんだ。
かず　だから色が違うのかあ、黒白のブタって変なの。
しゅん　こいつ、すっごくストレスに弱いんだ、すぐ熱だすんだよ。この間も離乳の時、母ブタと別れるのが辛くって、ずっと泣きっぱなし。一日中餌も食べなかったし豚舎の移動だけで熱をだすし、すごいストレスがかかると豚は水豚《スイトン》になるんだ
かず　水豚《スイトン》って？
しゅん　体内の脂肪に水がたまって肉が全く食べられない状態になるんだ。それを水《スイ》豚《トン》っていうんだ。
かず　ふーん。ストレスに弱いのかートン吉って、人間みたいだな。
しゅん　で、俊介、母さんどうした？
しげ　あっ、かあさん？　やっぱ実家へ帰ったよ…しばらくの間って言ってたけど。

かず　で、俊介は?

しゅん　おれは、やっぱ親父と一緒に残るよ。学校もあるし、アル中になった親父一人残していくわけにはいかないし。

かず　おじさん、やっぱ、リストラがショックだったんだよな。

しゅん　親父は家族のこと考えて最後まで退職勧告をはねのけていたらしいんだ。そしたら親父、毎日、直径一メートルの円の中を朝から晩までぐるぐる回り続けろって命令されたんだ会社から! 上司から!

かず　そんな!

しゅん　親父、二ヶ月くらい頑張ってたらしいんだ。でもどう考えたって人間のやることじゃない。で、仕事の帰り、やっぱりそのまま家へも帰れず毎晩一杯ひっかけて…結局アル中になって…仕事もできなくなって…親父頑張ったんだよ。

かず　そうかぁ、元気だせよな、俊介。

しゅん　ありがとう。おれこのトン吉とは違ってストレスに強いから、父さんと二人で頑張ってゆくから。田んぼもあるしな。おいっトン吉! お前、結構可愛い目しとるね。いっちょ前にまつげもはえて。お前もおれと同じだな、仲良くしてくれよな。

SE　ブタの声

トン吉　ブーブー。その日から、かず君にくっついて俊介君もよくぼくのところにやってきた。ストレスがたまると尻尾かじりをする仲間のために、天井からロープをぶらさげてくれたのは俊介くんだ。

SE　ブタの声

トン吉　平和な楽しい日が続いた。でも、とうとう運命の日がやってきたらしい。そうなんだ。僕たちブタは結局のところ…よくはわからないけど、このかず君たちとは、別れなければならないらしい。

SE（トラックの音）

トン吉　ブー。僕はなんとなく嫌だった。このトラックに乗ったら最後。

かず　ほらっ、トン吉。誰にだってさよならはある。いつかはくるんだ。こりゃ、生き物にとっては避けられないことなのさ。さっ、俊介とおれとで、追い込みやってやる。

トン吉　ブー。かず君と俊介君が僕たちをトラックにのせる追い込みをやってくれた。まっすぐに一頭ずつスロープを上って、トラックに乗ってゆく。僕は一番最後のブタだった。荷台がバタンって閉まったとき、かず君の声が聞こえた。

かず　おじさんっ、お願いがあります。こいつ、最後の白黒のブタ、トン吉っていうんです。このトン吉に、屠殺場に着くまでこのカセット聞かせてください。俺たちの声聞いていれば、トン吉はストレスがかからなくて水豚《スイトン》にならずに美味しい豚で最後を迎えられるんです。お願いします。

SE　ブタの声

トン吉　ブー。最後を迎えるって言ったよね。僕には何のことかわからない。でも、ほら、かず君や俊介君の声がずっと聞こえてる。

かず　トン吉、おれたちがついてるからな。安心しろよ。じゃあ、まず俺から話すよ。トン吉、俺と初めてあった日のこと覚えてるか？

トン吉　ほら、だから、ぼく、ずっと大好きなかず君と俊介君と一緒にいられるんだ。だから安心なんだ、ずーっとずーっと安心なんだ。

## 農高はラジオドラマの宝庫だった～アタシは農高の牛～

「さよならトン吉」が、ラジオ番組で取り上げられたことを契機に、彼らの物語は地域の人々にも注目されることとなった。そんな、ある日、私宛に一本の電話が入った。山口県の畜産農家の主婦連合会の会長からだった。「私たち、農高の生徒さんの作品の大ファンです。それで、一つ、青木先生にお願いがあって…実は私たち、畜産の魅力を伝えたいと思って、牛乳やらチーズやらヨーグルトやら使ってお菓子とかお料理を作ってきたけど、なんかマンネリ化して。小学生が今度くるんだけど、なかなかいい案がなくって。農高で牛のラジオドラマがあれば、貸してもらえないかと思って」「残念ながら、まだ牛は作ってなくて」と謝ると「じゃあ、もしできたら、ぜひご連絡を」。電話を切ると、そばで聞いていたガッツ先生がおっしゃった。「先生、作ったらええ。生徒がぶち喜ぶ」。ガッツ先生の言葉通り生徒たちはぶち喜んだ。「すげー、俺らぁ期待されちょる」「なんか、すげぇー。おばちゃんたちに俺らぁ、夏の実習とかで世話になるけえ作ろうや」「作ろう、作ろう」。あっという間に、国語表現の授業は制作会議となった。「ただ牛の説明しても、小学生はようわからんし、飽きるし」「聞きたいちゅうふうに、思わせるんは、ふつうじゃつまらんしのぉ」「そうじゃ、牛にしゃべらせりゃあ、ええわぁや」。アイディア一発で一気に作った「アタシは農高の牛」は畜産農家のおばさんはもとより、小学生や中学生にも大好評、リアルでおもしろいと全国高等学校総合文化祭で全国一位をゲットし、ケーブルテレビで三ヶ月間も流れる人気作品となった。

**「アタシは農高の牛」**

キャスター　みなさん、こんにちは！　私は今、山口農業高校の畜産棟、牛舎の前に来ています。実は私、牛の言葉がわかるんです。そこで今日は、山農の牛の本音に迫ってみたいと思います。みなさん、よろしくお願いします。

ＳＥ　モーモー！

キャスター　こんにちは！　まず、お名前を教えてください。

F1A　えっ、あたし？　生まれた時はダイゴロウ、でも今はマリリンって言うわ。

キャスター　えっ、それは何故？

F1A　そりゃ、アタシがオカマの牛、つまりあんたたちの言葉で言えば、去勢牛だからよ。

F1B　生徒たちはニューハーフとも言うわぁ。

キャスター　あ、あの、あなたは？

F1B　わたし？　生まれはダイスケ。でもぉ今じゃキャシー。

キャスター　じゃあ、あなたもニューハーフ？

F1A　あったりまえでしょ、アンタ、山農には男なんて一人もいやしないのよ。それにしても、あの去勢の時は辛かったわね。

F1B　ホーント、生まれて一ヶ月って時だものぉ、腰抜かしたわよぉ。

F1A　あんなペンチみたいな化け物で、つぶされちゃうんだもの。

キャスター　あの、つぶすって？

F1A　精巣につながる輸精管っていうのをつぶすのよ。

あんたたち人間には想像もできないでしょうね、去勢の苦しみなんて。

キャスター　ハァ…ところで、今めしあがっているものは？

F1B　これぇ？　イタリアンライグラスっていうの、しゃれた名前でしょぉ？

F1A　あっちはクレイングラス。

F1B　まっ、しゃれてるけど、単なる干し草！　でも、アタシたち、ホントは生の方が好きなのよ。

F1A　そうそう。でもぉ、人間の都合で生はあんまり食べさせてもらえないのよね。

F1B　なぜかって？　生だと水分が多くて肉の脂肪が黄色くなっちゃうし、牛乳の脂肪分も下がっちゃうの。

F1A　つまりぃ、私たち牛の値段が下がっちゃうってわけぇ。

F1B　そんなことは、どーでもいいことだけど、アタシたちって結構グルメだから食べ物にはちょっとうるさいわよ。

キャスター　ほらこれ、ちょっとにおってみなさいよ。

あー甘酸っぱいような、ヌカのような、これは一体？

Ｆ１Ｂ　サイレージっていってさ、発酵食品みたいなもんね。
Ｆ１Ａ　人間の世界で言うと、ヨーグルトみたいなもんかしら。
Ｆ１Ｂ　結構牛によっても好き嫌いがあるけれど、私たちのなかではマイブームってとこかしら？
黒毛　あーら、Ｆ１のみなさんおそろいで。またいつものサイレージ？
　私のマイブームは、ヘイキューブよ！
キャスター　あの、あなたは？
黒毛　私は、由緒正しき黒毛の一族、ドナドナよ！
キャスター　もしかして、あなたも、やっぱりニューハーフ？
Ｆ１Ａ　だから言ってるでしょ？　山農の牛に男は一人もいないって。
　ところで黒毛、アンタいっつもアタシたちＦ１をバカにしてるけどザケンじゃないわよ！
黒毛　フン！　しょせんＦ１なんて雑種。私たち黒毛とホルスタインの混血じゃない。
Ｆ１Ｂ　ちょっと、ドナドナ、だまって聞いてりゃいい気になって。

Ｆ１Ａ　Ｆ１のどこが悪いっていうのさ、スタイルは私たちの方がバッグン。まずこのまっすぐな背中、ぐっとつまった短足、肉付きの良いシリ、あんたみたいに、肉付きの悪いシリじゃなくってよ。

Ｆ１Ｂ　そして、お腹にはしっかり付いていて、そして垂れてないお肉。

Ｆ１Ａ　極めつけは、この大きなお口。

ＳＥ　アタシ、きれい？

黒毛　モーモー。

　よくもいけしゃあしゃあと言ってくれたわね。しかし、しょせんＦ１はＦ１よ。市場価格を見れば一目瞭然。Ｆ１のあなたたちじゃ良くても一〇万円台、私なんて四〇万円はかたぁいのよ。やっぱり血筋は争えないって事ね。ほーほっほっほっほっほっ…

Ｆ１Ａ　アンタ、血筋血筋ってうるさいけど自分の父親を見たことあんの？

黒毛　えっ？　な、ないわよ。

Ｆ１Ｂ　でしょ？　偉そうな事言ったって、私たちの父親ってみんな同じなのよＦ１だろうが黒毛だろうが…。

黒毛　アンタ見たの？

F1A　もちろん！　ストローの中にいたわよ。ちゃんとパパの名前が書いてあったわ。

黒毛　え？　ストローの中に？

F1A　精液注入用のストローよ。液体窒素のタンクに入れられて運ばれるの。

F1B　知らないの？　アンタ。私たちってぜーんぶ、人工授精で生まれてきたのよ。

F1A　今はやりのシングルマザーのムスコたちってわけよ。ドライな関係よね。直接肌の触れ合いもなく生まれて来たアタシたちってやっぱ愛情に飢えてるのかもね。

黒毛　フン！　この私を誰だと思ってるの？　由緒正しき黒毛のドナドナよ！きっと、お父様に会ってみせるわよ。

SE　トラックの音。

キャスター　あ、なんだか、お迎えの車が来た様子です。

黒毛　あら、どーやらお父様がこの私を迎えに来てくれたのね。

みなさん、さようなら。ほーほっほっほっほっ…。

F1　A　あの子も、バカよねぇ。今からセリに行くってのに。

F・I　BGM（ドナドナ）

キャスター　みなさん、いかがでしたか？

今日は畜産棟からお送りしました、それでは。

F・O

## 先生、ユウの母さんの友だちになって

これまで記してきたのは、農業高校で奇跡的にうまくいったケースであり、実際の授業はなかなか手ごわいものだった。「つまらん話をするなぁや、給料もろうちょるんなら、なんか面白い話でもせやぁ」「オレらぁ生きていくのに、役にたつことを教えてくれぇや。こんな授業オレには全然意味がないんじゃ」。つまらない、意味がないと思ったとたん、弁当を食べ始め、メークを始め、ゲームにいそしむ。国語の授業はたちまち私語に

よって崩壊する。目の前の生徒たちは、確かに過酷な毎日の家庭生活の中で日々を必死にすごしている。「こんな授業は意味がない」。生徒の発言は痛かった。

そんなある日のことだ。授業中ずっと下を向いているユウの姿が気になった。授業が終わりユウに近づいたとき、驚いた。顔が半分はれあがっていた。殴られたことがはっきりとわかる手の跡もついていた。「ユウちゃん、ちょっといい?」と廊下に呼んで小さい声で訊いてみた。「顔、大丈夫? 殴られたの?」「うん、母さんに、昨日の晩」。ユウの母親は重度のアルコール依存症で、症状が悪くなると精神が混乱し殴る蹴るが始まるのだと。放課後、その話を聞いていたら、いきなり髪の毛をかきあげ「先生、この耳ね」と、耳たぶを見せてくれた。穴が開いていた。「ユウの皿洗いがダメいうて、母さんが、お箸で…」。息が止まりそうだった。ユウと弟が小さい時、離婚した母は二人のために朝も夜も必死で働いてくれたという。「夜ね、お店に行く前ね、うちらあ外にでないように危ないからっていって、柱にひもで縛られてね…」「帰ってきたらね、母さんものすごくやさしかったんよ。よう留守番できたねってユウをほめてくれたんよ」「施設に入っとったこともある。母さんが仕事で酒飲みすぎて肝臓痛めて入院したとき、熊本の施設に二人で入っとったんよ。先生たちは優しかったけど、やっぱりユウはおかあさんといっしょがええいうて毎日泣き続けたんよ。母さんが退院して、山口に帰って母さんと一緒に暮らせるようになって、ユウね、うれしくって。うちがしっかり母さんを助けんといかんって一生懸命やったんやけど、やっぱりユウはだめなとこが多いけえ、母さんにいつも殴られてばっかりで…でもね、先生、次の日には母さんが、ユウごめんね、痛かったねって母さん、ユウにやさしくしてくれるんよ。母さんが悪いんじゃなくて、母さんの病気のせいやから…母さんが本当は一番かわいそうなんよ」。壮絶な日々をやさしい声で少しずつ語るユウに、私は言葉もなかった。「ユウちゃん、私に何かできることある?」って訊くと、「先生、ユウの母さんの友だちになって。母さん友だちがおらんけえ、いつも人にええ顔みせて、無理ばっかりしとる。友だちがおったら、きっといろんなことも相談できるけえ」。私はさっそく、ユウの家の地図を書いてもらい家の周りをうろついた。庭で花の手入れをしているユウの母親の姿が目に入った。さりげなく垣根のあたりをゆっくり歩く。「あらっ、青木先生じゃないですか。どうされたんですか?」「あっ、こんにちは、ここ、岡さんのおうちだったんですね。ちょっと近くに家庭訪問にきて」「まあ、教育相談の先生は大変じゃね。暑いけえ、先生、ちょっと冷たいものでも飲んでいってくださいよう」。誘われて、お家に上がらせてもらった。顔色は悪かったが、お母さんは上機嫌でいろいろな話をしてくださった。ユウが友だち思いのやさしい子で、人がいやがる豚舎の掃除も一番にかけつけ一生懸命やっていると話し始めると、「先生は本当に、ユウのことよぉ見ちょってくれとって。私はダメな親やけん。ユウには、小さい時から辛い目にばっかり遭わせてきて……」と、お母さんの幼少期の話から始まり、家庭が不遇であったことからグレてしまい、悪い仲間とつるんで、薬にも手を出した時期もあったと壮絶なまでの人生を語ってくれた。何も言えず、黙って聞くことしかできない私に「先生、ときどき話にきてくださいよ。聞いてもらえるだけで私もすっきりして…」。お母さんはそうおっしゃった。小説をはるかにこえた厳しい現実の中で必死に生きてきたユウのお母さんの物語に、私は深く頭を下げることしかできなかった。次の日、ユウが飛ぶようにやってきた。「先生、ありがとう。ほんとにありがとう。母さんがものすごく喜んでいて、今度、いつ先生に会えるんじゃろうかね。楽しみじゃ、話聞いてもらうのって言うて。ありがとうね先生」。それから二週間、三週間に一度くらいのペースでお母さんのところを尋ねた。ユウも元気そうだから大丈夫かなと思い、農業祭の準備に奔走していたこともあり、しばらく間があいた一一月の氷雨の日だった。「青木先生！」。悲鳴のような声をあげ、誰かが走りこんできた。ユウだった、裸足だった。制服のボタンは半分ちぎれ、顔からは血が流れていた。

「母さんが暴れだして、一緒に死のうって…ユウも弟も逃げてきたけど…母さん死んでたらどうしよう」。泣くユウを乗せ私は車を走らせた。弟も一緒にというので小学校に向かい、弟と躊躇する担任も一緒に家に向かった。玄関のベルを鳴らしても返事がない。カーテンが閉まり、すべてのドアに鍵がかかっていた。「どこか入れるところない?」って訊くと、「トイレの窓」と言うので、弟を肩車しトイレの窓から入らせ玄関のカギをあけさせた。「おかあさん、布団の中におった」。弟の言葉を聞いて小学校の担任が言った。「あの、ぼく、シンくんをつれていったん帰りますので、またどうなったか教えてください」。あっという間にシンくんを連れ先生はいなくなった。ユウと二人で玄関から入った。「母さん、母さん」と布団に横たわる母親をユウが必死に揺さぶった。「岡さん〜、岡さん」。私も必死にからだを揺すった。その時だった。お母さんがぱっと目を開け、すごい形相で殴りかかってきたのは。「おまえー何しにきたんかーえらそうにすんなー、お前になにがわかるんかーわかるわけないやろうがー、わかるふりなんかするな」。髪の毛を引きずられ、殴られ蹴られ…「やめて、母さんやめて。なんで先生殴るの、やめて…」。ユウが悲鳴をあげ、「先生、逃げよう」とユウが私の手をひっぱった。私のバッグとブーツ、自分の靴を抱えユウは私を引きずるように家を飛び出した。「先生、ごめんね、ごめんね」と泣きじゃくるユウがかわいそうでたまらなかった。氷雨の中を裸足でとぼとぼ歩いた。殴られたのも蹴られたのも少しも痛くなかった。「わかったようなふりなんかすんな」。その言葉が私の心をグサグサと突き刺した。「わかりたい」と思い、必死に耳を傾けた、でも、ほんとうに「わかること」なんて、できなかった、…自分の未熟さが情けなかった。ユウに、そしてユウのお母さんに一体私は何をしてきたのだろう、哀しいまでの自己嫌悪だった。教師の私にできること、それは、ほんとうにささやかなことにすぎなかった、それなのに、人を支えたいなどとどこかで偉そうな気持ちがあったのかもしれない…落ち込む私にユウが言った。「先生、ユウね、今日一番うれしかったんよ。先生は、ユウのために必死になってくれた。自分のことよりユウのこと考えてくれた。先生、ユウ、今日のこと一生忘れんよ」。私は号泣した。学校に帰ってからすぐに緊急ミーティングが始まり、これからの対応について話し合った。落ち込む私を先生方は励まし続けてくれた。やさしい先生たちの言葉に涙がこぼれた。「間違っていないから、青木先生はできるだけのことはやったんだから。一人で責任感じなくていいんだよ」。みんなが口々にそう言ってくれた。いろいろな対応策によってユウは無事に卒業できた。でも、私は卒業式の日に、遠くから母親の姿を見つめるだけで、あれ以来お母さんと言葉を交わすことはなかった。

農高生が先生になる〜野菜の主張〜

ユウが卒業してから二年と少し経ったころだったろうか、近くのスーパーで買い物をしていると「青木先生ー」という懐かしい声が聞こえた。振り向くとユウだった。そばに、お母さんが赤ちゃんを抱いて立っていた。「先生、見て見て、ユウの子どもなんよ。かわいいじゃろう、孫ができたんよ。もう、私うれしくて、先生に早よう見せたい思うちょったんよー、よかったねユウ、先生に会えて」。お母さんの底抜けの笑顔に涙がこみあげてきた。うれしくて、うれしくて…言葉にならなかった。それが、ユウのお母さんを見た最後だった。それから二週間後、蛍が飛び交う木屋川に車が一台突っ込み運転手が即死したというニュースが流れた。そこには、ユウのお母さんの名前がでていた。しばらくしてユウから連絡があった。「先生、母さんね、先生にごめんなさいって言えんままじゃったって、あの日、何度も帰りに言いよったんよ。でも、ものすごく喜こんじょった。先生に会えたねえ、ユウよかったねえって。ユウと同じくらい、母さんね、先生のことが好きじゃったんよ。ユウね、それを先生にどうしても伝えたかった…」

農高での日々は私にとって、生きるとはどういうことかを深く深く考える時間だった。私にできることは、ほんとうにちっぽけなことだけ。それでも、授業の中でまだまだできることはあるはず、授業という空間が生徒たちの生活の場として意味をもつためにはどうすればいいのだろう。そんなときだった、またしても地域から奇跡のオファーがきたのは。「農業高校のお兄さんやお姉さんと目を合わせてはいけません」。あの衝撃の言葉を聞いてから一年が経ち、地元の上郷小学校から交流学習をお願いしたいというオファーがきた。小学校の総合活動の一環として、高校生が先生となり小学生にそれぞれの専門の農業実習を経験させてほしいと。農業実習の経験を、より深い学びへと変容させることを模索していた農業高校にとってもありがたいオファーだった。高校生が先生となって小学生を教えるときの語り方・聞き方、それをマスターしようと、国語表現の授業は実践のための練習場となった。生徒たちは必死だった。私はこれだと思った。学びの必然性、これこそが、学びの原動力になるのだと。小学生の立場に立ちどんな風に話したら伝わるか、ワクワクしてもらえるか、彼らの結論はこうだった。「俺らぁが教えるんじゃない、野菜が教えるんじゃ」。そこで考えたのが紙芝居を使った「野菜の主張」である。

「**野菜の主張**」

セロリ　みなさん、こんにちは。野菜の主張、今日は山口農業高校にやってきました。今日はどんな野菜たちの本音が出るのでしょうか？　私は司会のセロリです。トップバッターはキュウリさんです、どうぞ！

キュウリ　みんな、俺の体をみてくれ。俺の体は曲がっている。なぜだかわかるか？　水が足りないからだ。水をまいても、はしっこの俺の方まで届かない。曲がっていても味は変わらないんだ！　見た目で選ぶな！　あー、のどが乾いた、水くれー。

セロリ　はいっ、続いては果物の王様、メロンです。

メロン　ちょっとあなた。私のこと、果物の王様って言ったわよね、いい？　私はね、果物じゃないの、野菜なの。それに私、女なのよ。だから、今度から野菜の女王様ってお呼びなさい。

セロリ　は、はい、女王様。で、今日は何を？

メロン　ほら、私って自分でいうのもなんだけど、高級じゃない？　小さい頃から手塩にかけられて大切に育てられているの。そして出荷のときには立派な箱に詰められて、まさに本物の箱入り娘になるのよ。でも、最近こういうのイヤになってきたのよ。

セロリ　えっ、どうして？

メロン　私ね、実はスイカさんに恋してるのよ。

セロリ　へぇー、あのスイカさんにねえ。

メロン　私とは違って放任主義で育てられたスイカさんに魅力を感じるのよ。私もあいう風に、ワイルドに生きていきたいのよ。私もスイカ割りされてみたいわ。

セロリ　箱入り娘のメロンさんと、ワイルドなスイカさん、うまくいくかなー？

メロン　きっと私にメロンメロンにさせてみせるわ！

セロリ　メロンにメロメロか。

セロリ　次は僕のお兄さん、パセリの登場です。

パセリ　よう！　セロリ久しぶり！　ちょ聞いてくれえや。この前、あるホテルの夕食のデザートにメロンが出て、それに俺がついて出てやったんじゃ。それなのに、メロンはうまそうに食べられたのに、俺は食べられんかったんぞ。他にも弁当とかにも入っちょっても、ほとんどの奴が俺を無視していくんじゃ。これ、どういうことなんけぇや。

セロリ　しょうがないよ。兄さんは付け合わせだもんな。

パセリ　なに、つけあわせ？　おれにはたくさん栄養がある！　ビタミンだってカルシウムだってお前より多いぞ。なのに、なんでつけあわせなんだ！

セロリ　だってパセリ兄さん、臭いし、苦いし、ちっちゃいよ。

パセリ　なにぃ、臭いだと？

セロリ　で、でも兄さん。遺伝子を組み替えれば、臭いも味も大きさも変えられるかもしれないよ。
ダイズ　ちょっと待て、それはやめた方がいい。
パセリ　だれけぇや、おめぇ。
ダイズ　私は次に主張することになっているダイズのニシムスメだ。君たちの会話が遺伝し組み替え技術にいったので出てきた。われわれダイズを初め、今や多くのもので遺伝子が組み換えられているが、まだ十分に安全性が確認されていないのだ。
パセリ　てぇと、俺等を食べる人間に害があるかもしれんってことか？
ダイズ　そうだ。遺伝子を組み替えることによって、本来の目的である病気や害虫に強くなったり収穫量を増やしたりすることはできるようになる。しかし、遺伝子を組み替えたことによって、それまで安全だったものが有害になったりすることがあるのだ。
セロリ　じゃ、パセリ兄さんの遺伝子を組み替えて臭くなくなったとしても、その栄養がそのままとは限らないわけだ。

ダイズ　遺伝子を組み替えたダイズを使って動物実験をしたら、その動物が死んだという話も聞いている。それに、人間だけでなく生態系にも影響が出てくるのだ。

セロリ　もし、その安全じゃないダイズを使って味噌や豆腐を作ったら、それでも有害になるんでしょうね？

ダイズ　そう。それで今、商品に「遺伝子組み換え食品を使用」と表示するかどうかでもめているのだ。しかし、遺伝子を組み替えていない私、ニシムスメを使えばそんな心配はない。これからは、私のような安全な野菜を食べてくれ。

パセリ　そうだ、食え！　特にパセリ。野菜もこれだけお前等のこと心配してんだぞ。だから、好き嫌いせんで、食え！　特にパセリ。俺はつけあわせじゃ終わらないぞ。いつかメロンなんかに負けん野菜の王様になってやる、だからパセリ食えー。

セロリ　ということで、みなさん、少しは野菜の気持ちわかってもらえましたか？今日はこの辺で、また会いましょう。

## 命をめぐる物語～みすゞとぼくらと～

ある日の交流授業の時、小学二年の優君が俊介にこんな話をしたという。「お兄ちゃん、ぼくらぁね、毎日一つずつ、みすゞさんの詩をみんなで読むんよ。ぼくね、そんとき、よぉーく思い出す、お兄ちゃんたちに教えてもらった命のこと」。その話が教室の仲間たちの心を揺すった。「俺らぁ、あんまり気づかんじゃったけど、言われたらそうじゃ、ええのぉ、みすゞの詩は」「俺、仙崎出身やけぇ、小さい時からいっつも、詩、読んじょったよ」「先生、みすゞの詩で、なんか創ろうやぁ」。そこで始めたのが、「みすゞとぼくらと」という活動だった。一人一人がお気に入りのみすゞの詩を紹介するという台本制作の試みだが、この活動の一番のねらいは、みすゞの詩に触発された「私の物語」であった。

「みすゞとぼくらと」

NAR　金子みすゞは明治三六年山口県仙崎に生まれました。山口に生まれた私たちは、小さなころから、いろいろなところでみすゞの詩に出会ってきました。そのみすゞとの出会いの中で私たちのまわりにたくさんの命が輝いていることに気づいていったのです。

SE（波の音）

お魚

海の魚はかわいそう。
お米は人につくられる、
牛は牧場で飼われてる、
鯉もお池で麩を貰う。

けれども海のお魚は
なんにも世話にならないし
いたずら一つしないのに
こうして私に食べられる。

ほんとに魚はかわいそう。

田中　農高に入って始めてニワトリのヒナを手にしたとき、私は小さくてふわふわなヒヨコが可愛くて、名前を付け一生懸命育てました。大きくなり卵を産むようになるとうれしくて、その卵をなでまわしたりしました。
やがて恐ろしい日が、前から話には聞いていましたがニワトリを解体する日がきたのです。私は泣きそうになりながら、可愛がっていたニワトリの首に包丁を近づけました、その時です。ニワトリは自分で眼を閉じたんです。さばいたニワトリを焼いてたべる時、私は涙ぐみながらも心の底から「いただきます」と手を合わせました。

ＢＧＭ（紅花）

　　わらい
それはきれいなばらいろで
けしつぶよりかちいさくて、
こぼれて土に落ちたとき、

ぱっと花火がはじけるように、
おおきな花がひらくのよ。

もしもなみだがこぼれるように
こんなわらいがこぼれたら、
どんなに　どんなに　きれいでしょう。

中村

ある日、ぼくは先輩に誘われて日赤にある緩和ケア病棟にボランティアに行くようになりました。緩和ケアとは、静かに死を迎える人をケアするところです。ぼくらの作ったシクラメンの鉢を持っていくと、患者さんたちがみんな笑顔で迎えてくれるんです。ある日、いつもは車椅子に乗って花を見ているだけのおばあさんが、その日は花に話しかけていました。「ただ黙って咲いとる花はえらいのー」。にっこり笑うそのおばあさんは、白のシクラメンが一番好きだと言いました。次の週、おばあさんは亡くなってしまいました。白のシクラメンを見るたび、ぼくは、おばあさんのあの笑顔を思い出すんです。

BGM（ハーモニカ演奏　この道）

星とたんぽぽ

青いお空のそこふかく、
海の小石のそのように、
夜がくるまでしずんでる、
昼のお星はめにみえぬ。
見えぬけれどもあるんだよ、
見えぬものでもあるんだよ。

柴田　僕は高二の春、母を亡くしました。哀しみにくれ、何もかもがどうでもいいように感じられていた、そんなころ、僕は、真昼の星を見たんです。青空の中にぽつんと一つ、それは白く輝いていました。思いがけず突然、僕の口から「かあさん」って言葉がでていました。真昼の星を見たその日から、僕はよく空を見上げて「見えないけれど　あるんだよ」とつぶやく自分に気づくことがあるんです。

F・I（オカリナ　ムーンライト）

NAR　みすゞの詩は、私たちの周りにたくさんの不思議や感動があふれていることを
そっと教えてくれるのです。

F・O

発表の後、生徒たちはこんな感想を書いてくれた。「自分の思いを言葉で表現することはとても難しいことだけど、楽しいことだとわかりました。難しいと思ったのは、自分の思いとぴったりする言葉がなかなか見つからなかったからです。今までは、思いついたことを、ただ言葉にするという感じでしたが、聞いてくれる相手の人にわかるように、私が今伝えたい気持ちをちゃんと届けるために、まず自分の心の中に深く入って自分のほんとの気持ちにじっと耳を傾け、それをなんとか言葉にしていかなくちゃいけないということがからだでわかった気がします」「みんなの話を聞いてたら、何度も涙がでそうになりました。そばで本当にそれを自分も見ている感じでした。きっと思い出すのが辛かっただろ

うなと思うと、それを思い出して語ってくれた友だちに感動しました」

強い劣等感を抱いてきた生徒たちは、「声のプロジェクト」を通して自己の経験に新たな意味づけを行い、自己をめぐる豊かな環境を再認識し、農業高校に生きることに次第に誇りを抱くようになった。幼稚園生や小中学生に教えるという活動を通し、地域の人々と深い関わりが生まれ、その関わりの中で自信と誇り、さらには他者に対する深い信頼感を構築していったのだ。筆者が赴任した一九九六年「農業高校の生徒とは目を合わせてはいけません」と忌避されてきた生徒たちが、小学一年生からもらった手紙を紹介したい。

「おにいさんや、おねえさんが、やさしくおしえてくれたので、ぼくは、いきもののことがすきになりました。ぼくもブタもニワトリも、みんな、おなじいのちをもってるんだよと、おしえてくれてありがとうございました」「わたしは、ひよこがおおきくなって、にわとりになって、たまごをうんだとき、なみだがでそうでした。おおきくなるために、おにいさんやおねえさんが、まいにち、いっしょうけんめいおせわしていてくれたので、たまごがうめたんだなとおもって、なんども、おにいさんや、おねえさんに、ありがとうといいたいです」

小学生たちからの手紙を読んで、生徒たちは泣いた。交流授業の経験を山口県庁で報告する時、小松君はこう語り始めた。「中学校時代は反抗的だった僕は、先生に突っかかり、授業中、何度も出て行けといわれました。中学校へは、ナイフをしのばせて通っていました。自分を大きく見せたいというくだらない見栄が、僕にナイフを持たせたんです。そんな僕が農高に入り、汗を流すことでいろんなことがわかってきました。農業とは、農作物をつくること、動物を育てることを通して結局自分を見つけ育てていくことだとわかったんです。僕は、小学生や中学生と一緒に実習を重ねる中で、土からの教育っていうことを考えるようになりました。教育というとおおげさですが、それは小さな子どもたちの心を育て、傷つけた心を癒すことができるからです。子どもたちと関わる中で、僕は、今、考え始めています。僕は、子どもたちをサポートする大人になる、そして農業の心を子どもたちに伝える、それは絶対可能です。なぜなら、僕らぁは農業高校生だから」。そこに「どうせ」の言葉はなかった。一一年間すごした農業高校を去る日は風が強かった。車に乗った私の前に、生徒たちがずらりとならんだ。泣くのをこらえている真っ赤な目をした生徒たちが、「ありがとうございました」と一斉に頭をさげた。そして、車が見えなくなるまでずっとずっと作業帽を振り続けてくれた。

# 第三部　語りの生まれる教室

## 宇部高校の生徒が願ったこと～わたしは　わたし　あなたを　わたす～

萩高校、山口中央高校、そして山口農業高校、二八年間にわたる高校生との関わりの中で私が生徒と一緒に行ったこと、それは語ること、そして物語を創り続けることだった。物語の生まれる現場で生きるということは、思いを言葉にすることの難しさと、思いが相手に届かないことへの恐れと不安をいだくことであり、同時に、それをあきらめず「表現すること」「人とつながること」に挑戦する日々だった。

「声のプロジェクト」は農業高校の人、モノ、ことを「ザ・チーム」として結び付けてくれる大きな力となった。赴任当初、年間七〇名と言われた退学者は、私が去るときはゼロになっていた。「何だかわからないけど学校が好きになった」生徒たちの言葉に励まされ、農業高校に生きるすべての人々が努力を続けた、それは祈りにも似たものだった。

山口農業高校を去った私の次の赴任地は宇部高等学校だった。山田洋次監督、ユニクロの柳井さん、菅直人元総理、エヴァンゲリオンで有名な庵野監督、錚々たる卒業生を送り出した山口県屈指の超有名進学校である。そして、その宇部は私が岩国に転校する小学二年までを過ごした懐かしいふるさとでもあった。山口市の自宅から初めて宇部高校に向かった日、山を上り詰めた先にきらきら光る瀬戸内海が目に入ったとき、突然涙がこぼれた。ああ、私はこの海を毎日見ながら大きくなったのだったと。おだやかな海がなにもかもを受け止めてくるような、そんな思いで見つめた日々が一気に押し寄せてくるようだった。

宇部高校の門をくぐり車から降りた私に、あちこちから「こんにちは」の声が響く。人懐っこい笑顔と朗らかな声で私を迎えてくれた宇部高校の生徒たち、私はここで頑張れる、そんな思いがじわじわと湧いてきた。三月の終わり、沈丁花の香を風が運んでくる、そんな日だった。初めて宇部高校を訪れた日、私は、誰もいない図書館で一冊の本に出会った。谷川俊太郎の『ことばあそびうた　また』だった。山口中央高校で何度も使った本だった。「ああ、懐かしい」そう思いながら、ぱらぱらめくっているとき、一つの詩が私の心を強くとらえた。

わたしはわたす
あなたをわたす
あなたへわたす
わたしもり

あなたはあなた
あだしのあたり
わたしはわたし
わたしもり

（谷川俊太郎「わたし」）

「わたしはわたし　わたしもり」。そうか。教師である私は一人の「わたしもり」にすぎないのだ。その言葉は、なぜか淋しいあきらめと引導をわたすような強さをもって、私の中で何度も何度も響いていた。生徒たちと一緒にたくさんの冒険をし、向こうの岸に渡したなら、彼らの未来を祈りながら静かに見送る私は「わたしもり」なのだと。

今までの「わたしもり」実践は、思いを声にし、人とつながることを目指したものだった。その中で、私は、声が響きあう「対話」の魅力にひかれていった。対話を通し、他者の語りに耳をすませ、自身の思いにも耳をすます。そしてその思いを言葉にし相手に届ける。その繰り返しの中で新しい意味が生まれる瞬間を私はずっと目の当たりにしてきたのだから。宇部高校で私のミッションを考える中で、ふっと気づいた。生徒が望むことは生徒が一番よく知っていると。二〇〇七年四月一〇日、高校二年生の最初の授業で訊いてみた。「私はみなさんと一緒に、一年間、国語の学びに挑戦したいと思っています。毎時間、ワクワクするような学びの冒険をしたいのです。でも、冒険の旅にでかけるには、まずは準備が必要。どこへ行きたいか、どんな旅にしたいか、そのアイディアをねるために、今日、最初の授業は作戦会議です」「えっ」とどよめきが起こった。「どう。冒険の旅に一緒にでかけてくれますか」「はーい」。力強い声があがった。さすが、素直な生徒たち。ストレートな反応が素敵だ。うれしくなって私はさらに突っ込んだ。「そこでまずは現状把握です。冒険にでかけるのは、今と違う世界を求めてですよね。じゃ、そんな今ってどんなふうだった？　それを聞かせてもらえる？」「はーい」とアムちゃんが口火を切る。「先生、僕たちの国語の授業って、今まで自習、内職の時間でした。な？でも、僕、意外と国語の成績はよかった。それなんで？　って考えたら、結局、記憶力がよかったから。先生が授業中言ったこと、板書したことを丸覚えしたら高得点、でも試験が終わってチャイム鳴ったら、全部ぱあーって忘れて」「そのとおりー」とユウジ君が続ける。「僕はアムとはちがって国語はさっぱり。国語って、なにやったら力がつくのか全然わからない。結局やっても意味がないって」。そうそうそう、同意の声があちこちから聞こえる。ヨシキ君が続けた。「なんか、国語は、先生が一人で教科書の解釈をして終わりって感じ。高校でも中学でも、質問されて答えた時、先生は、自分の期待していた答えと違うとだめって感じで」「そうそう」。合いの手が入る。「どう思いますかって訊かれたから、自分がどう思うか答えてるのに、それまちがってるって言われると、ちょっとムカツク。だから、自分がどう感じるかっていうより、この先生は、どんな答えを期待してるのかって考えるようになったよね?」。痛烈なそして、率直な意見が続いた。偏差値至上主義教育の中で、答えは一つ、答えにいたる思考経路も一本という知識中心授業への不満が続出した。「了解。ありがとうね。みんなの気持ち、ガンガン伝わってきました。そこで次のお願いです。そんな今までの国語の授業を、私はみなさんと一緒に変えていきたいと思っています」「幸子先生、レボリューション? カッケー」と合いの手が入る。「そうです。で、そのために、みんなは国語がどんな授業だったらワクワクする? こんな授業だったらいいなあ、これならがんばるぜっていうのを自由にバンバン教えてください」。今度も「はいはいっ」と手があがった。マサシ君が言った。「僕はもっと先生と対話がしたいです。教科書に書いてあることを教えるのではなく、教科書に書いてないこと、人生についてもっともっと先生に語ってほしいです」。そうだそうだの後でみずきさんが言った。「教科書ってかなり現実とズレてるような、率直に言って古いなあと感じるものが多いんで、いろいろなことをもっと今とリンクさせてもらえたら、もっと自分自身の問題として本気で考えられると思います」。さすがぁ。みずきさんの声につられサキさんが続けた。「授業は受験勉強のためだけじゃないと思います、もちろん受験で合格する力をつけることは絶対大切って思うけど、学んだ内容が自分の生きている現実となんらかの形でリンクしていくようなそんな授業を幸子先生に期待します」。本来授業とは、教師と生徒とが一つのものごとを共有する場であり、そこで触れ合い語りあうことで自分自身が変わっていく場、共に新たな意味を創りあげていく場でなければならない。宇部高校の生徒たちは学びの本質を私に教えてくれた。「一人で勉強するのであれば授業の意味はないと思う」。これだと思った。私の宇部高でのミッションはずばり、「対話で深める学びのレッスン」、そう強く思い始めた。

## 対話で深める学びのレッスン〜私のお姉ちゃん〜

対話を軸とした授業は、講義を中心としたものよりはるかに生徒の努力が必要となる。授業において、生徒は受身であることを許されず絶えず積極的な参加者であることが求められるからだ。「一緒に学びの冒険を」に賛同してくれた生徒たちは、従来とは異なる国語の準備を容赦なく課せられることとなった。グループで検討するためには、事前に自身の考えをまとめておかなければならず、さらにそれを他者に説明するには具体的出来事との関連についての整理も必要となる。二〇〇七年七月一八日に九州大学から私の授業を見学にやってきた大学院生たちに生徒はこんなふうに語った。「これまでの授業は受身だったから適当にインプットしてばかりでした。でも幸子先生の対話の授業になって、自分がどう思ったかをアウトプットする機会が増え、毎日、鍛えられてます」「教科書というテクストは、今まで僕とは無関係のものでした。でも、今は大切なものです。みんなで一緒に一つのテクストを読み、仲間がどんなふうに読んだのか、感じたのか、いっぱい知ることが出来て、へぇへぇへえ…って驚きと発見がいっぱいです。すべてが他人事じゃなくなって、だから、試験が終わっても忘れません」。授業が終わり、九大の指導教官、藤原恵洋先生はこう言った。「怖いもの知らずだよな—幸子さんは。生徒たちがどんなことを言いだすか、どんな方向に授業がいくかさっぱり想像がつかないなか、よくあれだけガンガン言わせてつないでひろげて。僕なら無理、怖くてこんな授業不可能。でも、おもしろかったなあ。何がでてくるかわからない、答えがないからあれだけ真剣になれるんだなあ」。怖いもの知らずと言われながらも、指導教官であるかつての友人の率直なコメントは、私の背中をドーンと押してくれた。ありがたかった。福岡から大勢の大学院生を引き連れ教育現場のフィールドワークを行ってくれたこと、これからの課題についてもシビアに意見を述べてくれたこと、今も心から感謝をしている。

対話の前提として、私はまず扱うテクストの状況のただなかに生徒を立たせることから始めた。それは、知識を教え込むのとは根本的に異なる作業である。生徒が主体的にテクストの内容に関わるためには、生徒をその場面に立たせなければならない。その作業が成功しない限り具体的に生徒は考えることができないし、深い対話も生まれない。二〇〇八年二月六日から高校一年生の「国語総合」の授業の教材である村上春樹の「青が消える」を扱った。主人公のおかれた状況を生徒たちは想像力を働かせ、目の前にその場のイメージが映画のフィルムのように見えてくるまで深めていく。個性を持った生徒たちがそれぞれの人生の経験をベースにしつつ物語の中に入り込んでいく。生徒は次のように語る。「同じテクストを読んでいるのに、みんなが、すごく違う読み方をしていることが驚きでした。でも、それはよく考えたら当たり前のことなのに、今まで気づかなかったことが驚きでした。青が消えたといって、青について、まず浮かべるものがみんな違っているし、それぞれが想像した主人公の姿もみな違うし」「わけのわからない小説という読み取り方をする人が大勢いましたが、私は、ものすごく哀しい気分が伝わって切なかったです」。哀しい気分って語った明子さんは、小学校一年の時にお母さんを亡くしていた。放課後の図書当番で一緒になった日、明子さんが小さな声で語り始めた。「幸子先生、私、青が消えた、ものすごく好きです。いきなり消えるっていう哀しさが、あの主人公のどうしようもない辛さが、なんだかわかる気がするから。私、幼稚園の時お母さんが死んでしまって、ずっと、お父さんと二人で暮らしてきたんですけど、私、一番いやなのが、お父さんが、お酒が入るたびに母さんのことを思い出して泣くことなんです。いくら泣いても帰ってこないのに、どうしてお父さんはいつまでも忘れられないんだろうって…で、私、そう思う自分のことを冷たい人間だなあって、すごく嫌いだったんです。でも、青が消えたを読みながら、私、なんか、いろいろ考えるようになりました。私、ひょっとして、自分の哀しさを凍らせて、なかったことにして、思い出すまいと必死になってたのかなって…私が泣いたら、父さんがますます悲しむ、明子がかわいそうだってお父さんが思うのが哀しいから、無理やり強がってたのかなって…青が消えて、必死にさがす主人公が、私、お父さんに思えて、ときどき、うって泣きそうになって…でも、先生、ほんとうは、私も、お母さんの思い出を忘れたくないなあって、どこかでひそかにお母さんの思い出をさがしていたことに気づきました。幸子先生、私、こうやって、毎日きっちり三つ編みしてるの。お母さんが、小さい時、私にずっとやってくれてたから…」。きっちり編んだ三つ編みを揺らしながら涙する明子さんのそばで私もぼろぼろと涙を流し続けた。その話を聞いた翌日、私は県立図書館で一冊の絵本に出会った。真っ白な大きな絵本、真ん中に一匹の犬、『いつでも会える』（菊田まりこ）。すぐにページをめくった。「ぼくは、シロ。みきちゃんのイヌ。」シロが語るみきちゃんとの物語。大切な人を失ったとき、人はその事実を受け入れられず、必死に失ったものを探し続けようとする。小さなシロがいつの間にかたくさんの生徒たちと重なっていった。明子さん、柴田くん、ユウちゃん、イサオくん、大きな悲しみを懸命に乗り越えようとする生徒たちの姿…児童室の絵本コーナーで私は声をころして泣き続けた。次の週、「青が消える」の授業で、『いつでも会える』を紹介した。生徒たちは食い入るように絵本をながめ、耳をすませた。終わったときに、あちこちからすすり泣きがもれた。「青が消える」と「いつでも会える」が響きあい、その日は、たくさんの生徒たちが自身の物語を語り続けた。「別れ」を受容する心の軌跡、一人の語りが次の語りを生み、大きな私たちの物語へ、「喪失」の「命」のそして「記憶」をめぐる物語へと広がっていった。こんなにも人は待っていた、語りに耳を傾けてくれる人を。切ないまでの思いは授業に留まらず、宇部高等学校におけるドラマ制作へと発展していった。多くの生徒の語り、それが生んだ作品、ラジオドラマ「私のお姉ちゃん」を紹介しよう。

**「わたしのお姉ちゃん」**

NAR（あや）私の名前はあや。

私の高校では、自分の好きな本「マイブック」を紹介する時間がありま
す。

あや　今日のマイブックは、私の亡くなった姉が好きだった、菊田まりこさんの『いつでも会える』という絵本です。

あや　ぼくは、シロ。みきちゃんのイヌ。ぼくは、いつも　楽しくて、うれしくて、

…（姉の声がかぶってくる）

BGM　F・I（月の光）

みずき　…うれしくて、しあわせだった。みきちゃんが、だいすきだった。

ずっといっしょにいられると思った。

NAR（あや）亡くなったお姉ちゃんは緩和ケア病棟の子どもたちのために、絵本を読んでいました。緩和ケアとは、積極的な治療がもはや有効でなくなった人の、つまり、静かに死を迎える人をケアするところです。

みずき　どうしてかな。なんでかな。みきちゃんが、いなくなった。

F・O（月の光）

NAR（あや）あれは今から一年前、ある朝のことでした。

SE　階段降りる音
みずき　お母さん（奥の台所に向かって）、今日も部活で遅くなるからね。
あや　お姉ちゃん、部活頑張りすぎー。なんか、顔色も悪いよ、大丈夫？
みずき　大丈夫。あやちゃんも、早くしないと、先行くよー。お母さん、行ってきまーす。
SE：ガチャーンと通学自転車が倒れる音
あや　お姉ちゃん、おねえちゃーん！
NAR（あや）姉みずきが倒れたのは本当に突然のことでした。小さい頃から足が速く、病気なんてしたことがなかったのに。骨髄の癌でした。余命三ヶ月、私はとても信じられなくて、とにかく毎日姉の病室に通いました。
あや　お姉ちゃん、今日は、気分はどう？
みずき　ああ、あやちゃん、もう私、早く部活行きたい、走りたい。試合近いのになあ。

あや　お姉ちゃん、ほんと、走るの好きだもんね。
みずき　そりゃそうよ。せっかく頑張ってきたんだもん。大会とか、出たいし。
あや　あー、そうよね。
みずき　ねえ、あやちゃん、お願いがあるんだけど。
あや　何？
みずき　私のシューズ、持ってきてくれないかな。あのシューズあれば、がんばれそうな気がするの。ね、お願い！
あや　お姉ちゃん。

NAR（あや）次の日私はさっそくシューズを持って姉の病室をたずねました。
あや　お姉ちゃん、持ってきたよ。ほら、シューズ！
みずき　こっちに来ないで！　見ないで！
あや　お姉ちゃん…
みずき　見ないで！　私、髪の毛、こんなに抜けて…。こんなんじゃあ、もう誰にも会えない！

NAR（あや）私たち家族は、結局、姉に本当のことを言うことにしました。母は姉を抱きしめ、父はこぶしを握りしめて立っていました。私は、ただその場でうつむいていることしかできませんでした。

みずき　あや、どうして毎日くるの。

あや　なんで、そんなこと言うの？

みずき　だって、私、死ぬんでしょ。みんな私のこと、忘れちゃうんでしょ。分かってる…あやだって本当は嫌でしょ。毎日こんなところに来るの。逃げ出したいって思ってるでしょ。

NAR（あや）来ないでと言われても、私はおねえちゃんの病室に通い続けました…。イラつくおねえちゃんのそばで何も出来ない私…でも、行かずにはいられなかったんです。生まれたときからずっと一緒だったお姉ちゃんが死ぬのが、いなくなるのが私は怖かったのです。

ＳＥ：子どもの声

あや　あ、お姉ちゃん。

みずき　ああ、あや。

あや　お姉ちゃん、どうしてこんなところにいるの。

みずき　ちょっとね、緩和ケア病棟の子どもたちと会って来たの。

あや　子どもたち？　寝てなくていいの？

みずき　大丈夫、先生に勧められたの。私と同じ病気の子もいるし、よかったら会っておいでって。

あや　ふーん。

みずき　みんな、すっごく明るくてね。びっくりしちゃった。…ねぇ、あや。ごめんね、いっぱい、嫌なこと言って。私が死んでも、世の中、何にも変わらないって思うと…悲しくなって。未来がある、あやが、うらやましくて…

あや　そんな…

みずき　ううん。いいの、私も、あやも、分かってることなんだから…。ありがとね、あや。思い切って口に出せて、ちょっとすっきりした。

NAR（あや）お姉ちゃんはこの日から少しずつ変わっていきました。調子のよい時は、緩和ケア病棟の子どもたちの所へ出かけていき、遊び相手になったり、絵本の朗読をしたりし始めました。

みずき　ねえ、あやちゃん、子どもたちにね、しゃぼん玉を買ってきてくれないかな。

あや　うん、わかった。

みずき　ねぇ、知ってる？　子どもたちってすごいの。みんな大変な病気なのに、すごく前向きなんだよ。あの明るい笑顔見るとね、私、元気がでるなあ。私ね、前は、突然ぽっくり死ぬのが一番いいって思ってた。でも、今は大事なことには時間をかけなければいけないって、わかってきたの。

BGM　F・I　Some children see him.

NAR（あや）それから、一週間後、お姉ちゃんは突然昏睡状態になりました。おだやかに眠っているようにも見えます。目を覚まして、にっこり笑って「あや」って言って欲しい…でもそんな眠りではないのです。危篤状態になったお姉ちゃんが私の方に手を差し出してきて、その手を握ってまもなくでした。お姉ちゃんは息をひきとりました。外を見ると、子どもたちがきらきら光るしゃぼん玉をとばしています。お姉ちゃんのそばには、半分に減ったしゃぼん玉の液がぽつんとありました…

F・O　Some children see him.

あや　おねえちゃん、私、最近こう思えるようになったの。お姉ちゃんが私の心の中で生き続ける限り、おねえちゃんは死んではいないって…

ＢＧＭ　Ｆ・Ｉ（月の光）

みずき（朗読）ぼくは、シロ。みきちゃんに会えた。目をつむるとね、みきちゃんのこと考えるとね、いつでも会えるんだ。とおくて、ちかいところにいたんだね…（姉の声がかぶってくる）

Ｆ・Ｏ（月の光）

あや（朗読）…とおくて、ちかいとこにいたんだね。まぶたの裏でぼくらは、かわらない。ぼくらは、あの時のまま。
ぼくは、シロ。みきちゃんにいつでも会える。

**あなたに…（わすれてしまったこと）～レクイエム～**

文化祭での「わたしのお姉ちゃん」上演後、昼休みや放課後、私の図書当番の日になると、決まって幾人もの生徒が「先生、あのね」とやってきた。あれは、冬のマラソン大会が近づき、体育の時間に常磐公園を走るという学校イベントが始まったころだった。生徒たちがいきなり「幸子先生、ときわ湖のそばのモニュメント知っとる?」と訊いてきた。「あー、彫刻のオブジェでしょ? シュールなネーミングの」「そうそう、でね、今日、みんなが、すっごい気になったのがあって、赤い四角の立方体が、こう二段重ねで、上の立方体の一部にシルバーの棒がどーんって、ついてて」とナベがしゃべりだすのを、ヨシキが絵に描いてくれた。「この下の、四角の一面が鏡で、俺たちの顔っていうか、姿が映るんじゃけど」ハリーが続けた。「先生、その作品のネーミングがすごくて」「なになに?」ナベがおもむろに書きだした。「あなたに…(わすれてしまったこと)」「ねっ、先生、ビビッてきた?」。ある時、偶然に見つけてしまった、不思議な鏡、そしてそこに映る私の姿、その姿をみたとき、私はそこに「わすれてしまった」なにを思い出すのだろう。午後の授業で、さっそくそのモニュメントの話をした。「知っちょる、知っちょる」。あちこちから声があがった。でも、みな題名は知らないという。「あなたに…(わすれてしまったこと)」。黒板に書くと、「おおー」の歓声があがった。みずきさんが言った。「「いつでも会える」と全く逆ですね」と。ダイ君が続けた。「みずきさんたちがやったのは、誰かの心の中に記憶として残っていれば、その人の存在が物理的には消えてしまっても、思い出は誰かの中で生き続けるっていうのだったけど」。アム君がうなづきながら「だから、僕も、いろいろなことを忘れないでおこう思うけど、正直、忘れてしまったことの方が本当はたくさんで」。ミキちゃんが、小さい声で、言った。「でも、忘れたはずのことが、何かの拍子にふっと浮かびあがってくる瞬間ってあるよね」。私もつられて語り始めた。「私、今、みんなの話を聞きながら、急に思い出したことがあって、話していい？　私が小学生のころ、宇部にはまだ炭鉱があって、その炭鉱には、韓国の人もたくさんいて、仲良しの米花恵子ちゃんも韓国から来た人でした。恵子ちゃんは小さい時に病気をして気管支切開をしたので、普通のしゃべりかたはできなかったけど息を上手に使って、小さいけれどもちゃんと声で伝えようと必死で。その恵子ちゃんに連れられて、私、何度も炭鉱のボタ山に遊びに行ったし、夏にはボタ山の周りで盆踊りもあって」「宇部って炭鉱の町やったん?」。あちこちから声があがった。ナベがおもむろに立ち上がり、「ほら、西岐波の海の先に長生炭鉱の跡って、今もピーアが残っとるじゃろう」「ピーア?」。その日の授業は、内山節「この村が日本で一番」のイントロを考えていたが、生徒たちが故郷宇部の自分たちの知らない、まさに忘れられたものにされていた「長生炭鉱」に魅かれていったその流れにのって冒険の旅を始めたのだった。

「長生炭鉱」の話は放送部の生徒たちの心を大きく揺さぶった。まずは現地に行ってみよう。さっそく動き出した。国道一九〇号線から入りJR宇部線踏切を渡るとすぐに墓地と古びた木造家屋の跡が目につく。その辺りが長生炭鉱のあった場所だった。取材は困難を極めた。極端に情報が少なかったからだ。朝鮮半島に近く、下関－釜山間を結ぶ定期航路があったためだろう。宇部の炭鉱も大正時代から朝鮮人を受け入れており、長生炭鉱は特に多かったと記録に残っている。それなのに、昭和一七年、海底が陥没し一八三人の犠牲者が今も海底に眠る長生炭鉱の事故は、戦時統制下のためかそのうち一三七人が朝鮮人であったことは報じられることなく忘れられたことになっていた。事故で助かった人を預かったという牧師さんの話を唯一の手掛かりとして、生徒たちとの長生炭鉱作品制作が始まった。

現実から虚構へ、そして再び新たな現実へと架橋する中で、私たちは何度も作品制作を断念しようとした。それを乗り越え、作品をこの世に送り出せた大きな力が「あなたに…（わすれてしまったこと）」のオブジェであった。「対話」の中で生徒たちは言った、「我々は語るべきミッションを背負っている」と。

**「レクイエム」**

SE　F・I　波の音

みずき　海の上に突き出す二本の円形の柱。直径二メートル高さ五メートル、二本の煙突の格好をしたこれが「ピーア」。

海底にあった炭坑の排気と排水口の跡なのです。このピーアの海の底に私のおじいちゃんが、一八三名の人々が、今も静かに眠ったままなのです。

F・O

日本の中国侵略が日増しに激しくなっていく昭和一七年のことでした。炭鉱労働者の不足を補うため、朝鮮半島から多くの人々が強制的に、この宇部の長生炭坑につれてこられたのでした。私のおじいちゃん、李相俊《イサンジュン》もその一人だったのです。農家の長男だったおじいちゃん。田圃からの帰り道、いきなり連れてこられたというのです。

F・I　ハーモニカ

みずき　おじいちゃんが故郷から持ってきたのは、いつもポケットに入れていたハーモニカだけだったのです。

F・O

みずき　おばあちゃんとおじいちゃんの出会いは長生炭坑の診療所でした。そのころおばあちゃんは診療所の看護婦として働いていたのです。

八重　なぐられたん？　顔、はれちょるけど。

李　うん、棍棒で。

八重　逃げようとしたん？

李　まさか。逃げても帰れん、海は歩いてわたれないから…。天上がホケたー、水がでたーっ、いうんで上にあがったらなぐられた。

八重　そうなん…ね、どこから来たん？

李　慶尚南道。

みずき　これが二人が初めて交わした会話でした。

みずき　炭坑の仕事は一日二交代…李《イ》さんは一番方といって朝五時から夕方五時まで働いていました。

李　一二月五日、晴れ。

今日は班長にかわってコールピットをつかいスミを切った。身の丈以上の五層の石炭　黒いダイヤだ。作業服は汗だくで、みんなふんどし一本でがんばった。昼飯の時、うちの班長だけは俺たちと一緒に食べる。不思議に思って尋ねたら「ここではみんな同じ労働者だ」と言われた。日本人の中にも班長のような人がいる、オレは胸があつくなった。

みずき　おばあちゃんの診療所に再び李《イ》さんが運ばれたのは暮れのことでした。作業服に身をかためた班長さんが李《イ》さんの顔を氷で冷やしていたといいます。チチシスという電報を受け取った李《イ》さんが労務係の人に葬儀に帰してくれと頼み、殴られたそうです。その時の二人の会話をおばあちゃんはよーく覚えているそうです。

「どうして班長さんは、おれにこんなに親切なんですか？」
「李《ィ》は、戦地で死んだ息子に似ちょるんじゃ」

李

一月二〇日、くもり時々雪。

今日は坑内のあちこちから、しとしとと音をたてて水がおちた。いつもなら、水もれのとこに、こぶしくらいの小石を入れると止まるのに今日はだめだった。水をポンプであげて、沖のピーヤから海に捨てた。時折聞こえたポンポンという船のエンジン、シューシューというスクリューの音。海の底はすぐそこ…と思うとこわくなった。

みずき

昭和一七年二月三日朝、沖のピーアの水がぴたりと止まるのです。天上にぽっかりと穴があき、そこから滝のように海水が流れ込んだのです。逃げまどう人々の中に倒れた班長を背負って歩く李さんの姿があったと、助かった朴さんがおばあちゃんに語ったそうです。

李相俊《イサンジュン》と一八三名が海の底で命がつきた時、おばあちゃんのお腹の中に新しい命が宿っていたことを誰が想像できたでしょう。

SE　F・I　ハーモニカ

みずき　「海は歩いてわたれない」。でもあの時から、李相俊《イサンジュン》は、おじいちゃんは故郷に向かって一歩ずつ海の底を歩いているのかもしれません。

F・O

二〇〇八年八月の全国高等学校総合文化祭で「レクイエム」は全国一位を受賞し、マスコミでも「長生炭鉱」が取り上げられた。二〇〇八年八月二五日の「FMキララ」の取材に対してみずきさんは、次のように語った。「わかるということを、私は、今まですごく簡単に使ってきたのですが、この「レクイエム」をつくるなかで、ものすごく考え込んでしまいました。私は、その当時の苦しみも悲しみもなんにも知らない。それを、ちょっとした資料とかインタビューだけをもとに、わかったなんておこがましくて、決して言えないって。わかるということは、結局、私というフィルターを通して、思い、考え、感じたことが限界で、だから、人それぞれ、みんな、わかるは違うっていうことです。それでも私たちがこの作品を創りたかったのは、長生炭鉱の事故で亡くなった方々の気持ちになって、私たちなりにからだで感じた思いを仲間に、そして多くの人々に伝えたいと思ったからです。この作品創りのきっかけは、実は一つの彫刻、モニュメントでした。幸子先生が、そのモニュメントの題名を黒板に書いて教えてくださいました。「あなたに…（わすれてしまったこと）」。その「わすれてしまったこと」それを思い出させる一つのきっかけを作りたい、これが始まりでした。作品ができあがったとき、本当にうれしくて、みんなでミッション・コンプリーティッドと叫びました」

「わすれてしまったこと」を思い出させてくれる一つの「物語」は、ラジオドラマ制作の始まりの「物語は、生まれるのをまっている」という言葉と響きあうものだった。

**物語が連れて行ってくれた場所～跡見学園との出会い～**

私が生徒と一緒に紡いできた「小さな物語」が、後に、私を遠い場所に連れて行ってくれる大きな契機となった。山口農業高校に勤務して八年目、私は成立したばかりの大学院休業制度というのを使い、お茶の水女子大学大学院で二年間「語り」をテーマに研究を続けた。「表現すること」と「人間関係を構築すること」の実践に対し、多様なアプローチから探究したいと思い始めたからだ。しかし、大学院休業制度ができるまで、高校教師がさらなる学びに挑戦したいと申し出たときの県教委の答えは決まっていた。「教師をやめて、大学院へ」。大学院での学びの願望は、最初の萩高では現状から逃避の言い訳だった。そんな私を支えてくれたのが九州大学の恩師田島先生だった。鬼の田島の異名をもつ先生は厳しかった。予習をせずに授業に臨もうものなら、でていけと容赦なく追い出された。いやも応もなく、私たちは必死に英語の勉強に励んだが、それは受験勉強とは全く異なる深い学びだった。

どん底の私の前に田島先生が風のようにあらわれた時、私は目を見張った。学会の帰りにバスを乗り継ぎ、萩まで訪ねてきてくださった先生は私の話に耳を傾け、ねぎらいと励ましの言葉をくださった。ご自身のカナダでの厳しかった日々を、先生特有のユーモラスなエピソードに変え語ってくださった。学び続けること、それが生きることだと教えて先生は、とんぼ返りでバスに飛び乗られた。先生が乗ったバスのテールライトを見つめながら私は涙が止まらなかった。その夜に書いたお礼の手紙のお返事がすぐに届いた。「高校教師をしながらも学問を続けたいという強い意志は素晴らしいことです。頭が下がります。誰にでもできることではありません。学生の頃から頑張り屋さんとは思っていました。これからも応援を続けます」。それに続き、「これが、小生の座右の銘です。「生ある限り希望を捨てず」(dum spiro spero)」。私にとって、田島先生の手紙は宝物だった。夏みかんの花の香りが萩の町を包み込む五月のことだった。それから二〇数年がたち、大学院休業制度ができて九大に相談に行った私の背中を先生はドーンと押してくださった。

お茶の水女子大の隣が跡見学園中学高等学校だった。大学院の授業は過酷で私は挫折しそうになった。泣きながら書店めぐりをした帰り道、跡見の桜に慰められた。ぱあっと空に舞い上がる桜を目にし、くじけそうな気持ちが散った。舞い散る花びらの向こうに去年の、おととしの、遠くから幻のようにあらわれる桜をだぶらせた。六年後、その跡見学園で自分が働き始めるようになるとは。運命は、出会いは、本当に不思議なものだ。

跡見学園に私を連れてきたのは「物語」だった。大学院でライフストーリー分析を行った私は、山口農業高校に帰ってからも「語り」「表現」の実践研究を継続した。あれは、農業祭のステージで行うミュージカルの練習に汗を流していたときだった。電話がかかっていると呼び出され、驚愕した。なんと、九大のテニス部仲間である藤原恵洋さんからだった。彼は、今や九大芸術工学部の教授として建築及び街作りのオーソリティになっていた。「幸子さん、今、何してるの？　今度、大学で授業して」。ラジオドラマを核とした「語りと表現」の講義に感動してくれた恵洋先生はこう言った。「教育と芸術のコラボとは幸子さんらしい。博士課程の試験に合格したら僕が指導教官になるよ」。その一言がきっかけとなり、高校教師と博士課程の学生の二束のわらじ生活という怒涛の毎日が始まった。今考えても、あの三年間をどうやって過ごしたのか明確に思い出せない。宇部高校で、受験生を持ちながらの博士論文執筆は、毎日をいかに自分のコントロール下に置くかにかかっていた。朝四時に起き教材研究をし、車を走らす。帰りは八時すぎに宇部を出、一路山口へ。途中で何度かふっと意識がとびそうになった。勝負は土日だった。朝四時から夜の眠りに就くまで全てが博士論文執筆の時間だった。目覚めてアイディアが浮かぶと、そのままパソコンに向かい言葉を打ち続ける。はっと気づくとたいてい夕日が差している。我ながら驚異の集中力だったと思う。受験生ががんばっているのだから私も必死にやらないと申し訳ない、そんな共同戦線のような日々だった。その「語りと表現」研究に興味をもってくださったのが、当時跡見学園中学高等学校の校長で現在跡見学園の理事長である山崎一穎先生だった。先生は若いころ、定時制の国語教師をしていらしたこともあり、私の農業高校での実践と「対話」から生まれるラジオドラマ作品に関心をよせてくださった。学会での、また様々な研究会での発表を聞いてくださり、ぜひ跡見学園へと誘ってくださった。初めてお目にかかった日、山崎先生は私の実践を「おもしろい」と手放しでほめてくださった。「これは国語じゃない」と否定され、いたるところでバッシングを受け、それでも新しい学びの方法が必要とがむしゃらに続けた日々が報われた気がした。

「生徒は変わる、時代も変わる、だけど変わらない何かを大切にしながら、今ここで何をすべきかをたえず自分に問いながら、授業と真剣に格闘してきた先生の姿が論文や実践記録からとてもよくわかりました」。そう続けてくださった。自分が必死に取り組んだ授業をほめていただいたことが、この上もない喜びだった。宇部高の教え子と残り半年の日々を全力で走り抜け、私も次のステージを目指そうと思った。今でも、くじけそうになると、「おもしろい」と強く言い切ってくださった山崎先生の言葉を何度も思い出す。

## 「ウサギ」から生まれたもの～卒業　星とともに～

「ごきげんよう」「ごきげんよう」。教室に入った私を迎えてくれた日本で一番古い女子高の生徒たちは、驚くほど素直で朗らかだった。初めて会ったその日から「幸子先生」と抱き付いてきたかなちゃん、なっちゃん、あやちゃん…名前だけ憶えていた一人一人と初めて出会えた日、とてつもないデジャヴーに襲われた。どうしてこんなに懐かしいんだろう。どうしてこんなにかわいいんだろう。はたと思い当った。そうだ。似ている、かつての山口中央の女子高生と。時間も空間も大きく隔たる二つの学校、それなのに、空気が、醸し出すものがとてつもなく似ているのだ。長い時間の中で脈々と受け継がれたもの、目には見えないけれど、たしかにそこにあるという空気。伝統を引き継ぎながら、時代の中で革新的なものに挑戦していくその気概と潔さが女子高の魅力だとひそかに感じていたその本丸がここ跡見だった。やわらかな生徒たちの空気に包まれながらも私はいきなり粛然とした気持ちに襲われた。「ごきげんよう」の言葉の底に脈打つものを感じつつ私なりの新たな学びの挑戦に挑むことを決意し、初めて出会った日の山崎先生の言葉の真意を理解できたような気がした。

「聴いて、応じて、深め合う」。そんな「対話」のレッスンのテクストとして私が選んだのは、南木佳士の「ウサギ」だった。農業高校で生成と死別の中にある命の輝きを目の当たりにして以来、私は、人生の喜びと同時に、生きることの哀しさをじっくり見つめ考えることがこの上なく大切なように感じ始めていたからだ。私が小説の授業で大切にしていることは、まず、テクストのただなかに生徒を立たせることだった。生徒たちは「ウサギ」のシーンが映像として目に浮かぶまで、丁寧に丁寧に読んでいく。それぞれの人生の経験をもとに物語の中に入り込んだ後、一人一人が、自分にとっての「ウサギ」を語り始めた。理沙さんが言う。「私、二人の別れのシーンが印象的で、東京方面に向かうホームで清子は一度だけ手を振った。とってつけたような笑顔がなぜかとても寂しそうだった。という彼女のさびしさが、この笑顔に凝縮されているようで泣きそうでした」。それに対し、はなこさんは言った。「私は、この主人公の現実感のなさ、美しい思い出の中で生きるという姿にちょっと腹が立ちました。寝たきりの父の世話を全部妻にまかせ、自分はウサギから連想された懐かしい思い出の中で自身の人生をしみじみ振り返っている。もちろん、清子と僕の物語はいろいろなところでぐっときました。でも、最後のシーンの、いいわねあなたたちはそういう美しいお話ばかりしていられてというセリフ。妻が立ち、やれやれまたオムツ替えの時間だわと奥の部屋に向かった。外は冬の雨になっていた。そこが、私にとっては、強烈に印象に残りました」。さつきさんが、はなこさんの言葉に触発されたように最後のシーンのことを語った。「私は、今、はなこの言った直前のところ、感受性の鋭い動物はきっと寂しさに耐え切れなくなって死んじゃうんだよな。寂しさが刃物になるんだよなっていうのにものすごく共感しました。ずぶとく人生を生きていけたら、もっと楽に生きられるかもしれないって私よく考えることがあるから。いろんなことにものすごくこだわりを感じたり、どうして？　なぜ？　って考え始めると、自分で自分をコントロールできなくなることが私もよくあるから、清子のことを他人事に思えないです」

主人公に共感したり反発したり、一つのテクストを真ん中にすえ、みんなが素直な思いを次々に語っていった。「喪失感」「命」「記憶」をテーマとした「ウサギ」の対話から生まれた語りは、授業の中だけに留まらずラジオドラマ制作へと発展していった。ドラマの制作が始まる前に、生徒たちがこんな風に言った。「幸子先生、授業中に先生から聞いた清子ちゃんをめぐる話をどうしてもいれたいんです。夏合宿で、長野でみんなで星を眺めたとき、先生が話してくださった大学時代の話。銀河鉄道の夜って、去ってゆくものと、なお残って生きていくものと、あれは別れのシンフォニーだよねっていう話」。私はうれしかった、星を見ながら語り合ったあの夜のことを、こんなにも、生徒たちが覚えていてくれたことが。

ＲＤ「卒業～星とともに～」
ＳＥ　電話のベル（なかなか出ない）
カスミ　はい、矢上です。もしもし…もしもし…（切る音）なによっ、卒業式の朝は忙しいのに…ヒカリ、大丈夫よ、私と一緒よ（つぶやき）。
ＳＥ　電話（すぐ出る）
カスミ　はい、矢上です。
ハルカ　あっ、カスミ？
カスミ　なーんだ、ハルカ。さっきのもハルカ？
ハルカ　そうよ。いくらコールしてもカスミ出ないんだもん。
カスミ　そりゃそうよ。母さんは娘の晴れの卒業式だっていうんで、おおはりきりで、娘の私は、制服にアイロン…。
ハルカ　ごめん、ごめん…でも、カスミに聞いてもらわないと私自信がないもん。
カスミ　あっ、答辞ね…卒業生代表答辞。
ハルカ　そう、徹夜で書き直したの…だって、あんたが、ここがおかしいそこが変だって言うんだもん。

カスミ　だって、一生に一度のハルカの晴れ舞台だからね、友だちとして黙って見てるわけにはいかないもん…で、できたの？

ハルカ　うん、できた、できた。見てよと言っても電話じゃダメか…なんせ、カスミすごいんだよ、奉書っていう紙に、筆よ、筆で書くんだから…。

カスミ　で、直すとこ、ちゃんと直したね…。

ハルカ　はいっ、じゃ、聞いてね、昨日指摘されたとこだけ読むよ。

カスミ　うん、どうぞ…。

ハルカ　えーと、あっ、ここだ…「振り返ってみますと、たくさんの想い出が」。もとはさ、「顧れば、あまたの想い出が…」だったの。

カスミ　うん、続けて。

ハルカ　「…たくさんの想い出が、あたかも走馬燈を見るが如くよみがえって参ります」。わざと文語調にしたんだ。「…よみがえって参ります。高一の文化祭。高二では信州への自然教室。上高地、梓川、穂高の雄姿…そして夜、満天の星…ヴェガ、アルタイル…」。いいかなぁ、こんな星の名前まで書いて…「ヴェガ、アルタイル、デネブ、スピカ…」

（ヴェガ、アルタイルのあたりから、ＥＣＨＯとなり、やがてＣ・Ｆしてヒカリの声）

ヒカリ　ヴェガ、アルタイル、デネブ、…カスミ、覚えているよね？　上高地の夜の空を。

カスミ　あ、あなた、ヒカリ、ヒカリね？

ヒカリ　あたしたち、みんなで銀河鉄道に乗れたらステキだね。そういえば、カスミ、銀河鉄道の夜って、去ってゆくものと、なお残って生きていくものとの、あれは別れのシンフォニーだよね。

カスミ　ヒカリ（ささやきのように、まわりを探すような）。

ヒカリ　あの、銀河鉄道の夜の終わりの方で、ほら、ジョバンニが言うでしょ？「ほんとうに、みんなの幸せのためならば、ぼくのカラダなんか、百ぺん焼いてもかまわない」って。

カスミ　ヒカリ！　ヒカリ！

ヒカリ　（だんだんと遠くなりながら）さよなら、さよなら…クラスのみんなによろしく…よろしく、ヴェガ、アルタイル、デネブ、スピカ（ＥＣＨＯがついてリフレイン）ヴェガ、アルタイル、デネブ、スピカ…

ハルカ　ヴェガ、アルタイル、デネブ…（おやっと思って）カスミっ、聞いてる？

ねえ、カスミ!!

カスミ　（我にかえって）あっハルカ、ご、ごめん。ちょっと他のこと考えちゃって。

ハルカ　もう、人が一生懸命読んでるのに…

カスミ　聞く聞く。ただ、今、アイロンのスイッチ切ったかなって考えてたもんだから…大丈夫、母さんがいるし…さっ続けて、ハルカ。

ハルカ　ヴェガ、アルタイル、デネブ、スピカ…そして最高学年の高三では情熱を傾けた体育祭…しかし、感じやすい私たちの三ヶ年は楽しいことばかりではありませんでした。ご両親の転勤で心ならずも転校していった友。そして、自らの手で自らの人生の幕を引かれた友など哀しい出来事も数多くありました。それらの悲しみを乗り越えて、今、私たちは卒業の日を迎えたのです」。

ねえ、カスミ。

カスミ　うん、聞いてるよ。

ハルカ　だったら、今のとこ、ちょっと書きすぎかな。「自らの手で自らの人生の幕を引かれた友」ってとこ。

カスミ　そうね、ヒカリのこと言いたいんだろうけど、あれは触れない方がいいかもしれない。そっとしておいてあげた方が、ヒカリ、喜ぶんじゃないかな。

ハルカ　私もね、そう思ったんだ、やっぱりカットかな？

カスミ　カットって、あ、そうか、ハルカ、下書き読んでるのね？

ハルカ　うん、奉書にほとんど書いてるんだけど、ここだけ清書しないで空けてあるの…あとは昨日カスミが見てくれた通りだし、じゃ、さっそく、書き込む、ヒカリのとこ削除してね。

カスミ　大丈夫？　間に合うの？

ハルカ　もちろん、ありがとうね、カスミ、じゃあね。

ＳＥ　電話切れる

Ｆ・Ｉ　転じて、「校歌　花桜」

ハルカ　この母校が、いつまでも、私たちにとっての心の故郷でありますように。
第七〇回卒業生代表　山瀬ハルカ…

校歌　花桜　大きくなり、次のカスミの声のＢＧＭとしてうすく続く。

カスミ　制服の胸に、私は誰にも知られてはならないヒカリの手紙を隠して、卒業式に出ているのです。ヒカリと一緒に卒業するのだ。ヒカリのこの手紙が届いた日から私は心に決めていたのです。

ヒカリのテーマ

ヒカリ　この手紙がカスミに届くころには、私、星になっています。ほら、上高地で二人で見たような清らかな星に…たのむから、探そうなんて馬鹿なことは決してしないでね。だって、銀河鉄道に乗ることのできた私を探すなんて、そうでしょ、ばかげてるよね。それから、また、私が星になったわけを探そう…なんてこともしないでください。だって、星になりたいっていう、それが唯一の理由なんだから…例えば、女医の母親の後をヒカリ、とても継げないので、思いあまって…つまり、受験地獄の犠牲者だなんて、ヒカリ、絶対思われたくない。こういうことを、すーっと、わかってくれる人って、カスミ、あなたしかいないんです。さよなら、銀河鉄道の駅に私、行きます。さよなら、そして、お願い、ヒカリの分まで卒業の歌、歌ってね。

校歌　花桜　いっぱいに　ＦＩＮ

ミユさんはこう言った。「私はヒカリをやりました。そのヒカリの気持ちになりきること最初できませんでした。星になりたいという思いに至るヒカリの心がリアルに想像できず、苦しかったです。でも、「ウサギ」の清子の死を真剣に語り合ったあと思いました。死は全ての終わりじゃない。誰かの心の中にその人が生き続ける限り、人の命は終わることはない、そう考え始めて私はヒカリとして語ることができるようになりました」

小説「ウサギ」から生まれた深い「対話」、それが契機となって跡見学園に生まれた一つのラジオドラマ。語りの生まれる教室、それは高校生たちが時にぶつかり、時に共感しあい、その中で少しずつ紡ぎ出されていく物語であった。私は、物語が生まれる場所に出会えた幸せに改めて感謝した。かつて、先の見えない不安、友を失った哀しみの中で私が見上げた夜空の星、今、跡見の教え子たちがその一つ一つの星の名を呼ぶ。「ヴェガ、アルタイル、デネブ、スピカ」。私は、からだがふるえるような気がした。

## 「山月記」の世界を生きる～ホット・シーティングを使って～

「聴いて、応じて、深め合う」。その対話の中で、私は改めて、一人一人の「声」とそれを受け止める生徒たちの姿に心ひかれた。思いを、気持ちを言葉にし語り始めるまで幾度となく言いよどみ、言いなおし沈黙を繰り返す。しかし、じっと耳を傾ける聴き手にはげまされるように、生徒たちは再び言葉を模索し新たな語りを始める。「語り」とは、他者の存在を希求するよびかけなのだ。その思いを強く抱く契機が、高校二年生の現代文「山月記」の授業だった。「山月記」は虎になった李徴《りちょう》の物語である。唐の時代、郷里の秀才と謳われた李徴は若くして科挙に合格したが、自身の身分に満足できず官職を辞し、詩人として名を成そうと励むがうまくいかず、挫折。生活のため再び官職につくも、かつての仲間の下で働く屈辱の中で自尊心を深く傷つけられ、公用で旅に出た夜、発狂しそのまま行方知れずとなった。それから一年後、彼の数少ない旧友、袁傪《えんさん》は旅の途中、虎となった李徴と邂逅する。李徴は茂みに姿を隠したまま今までのいきさつを語り始める。虎に変身してなお詩への執着を捨てきれぬ李徴は、最後に、故郷に残した妻子の援助を依頼し、早くここを離れ、しばらく行ったら振り返るようにと言う。己の醜悪な姿を見せ、二度と再びここに来て会おうという気をおこさせないためにと。

「一行が丘の上に着いたとき、彼らは、言われたとおりに振り返って、先ほどの林間の草地を眺めた。たちまち、一匹の虎が草の茂みから道の上に躍り出たのを彼らは見た。虎は、すでに白く光を失った月を仰いで、二声三声咆哮《ほうこう》したかと思うと、また、もとの草むらに躍り入って、再びその姿を見なかった」

初めて「山月記」を読んだ日、メイさんがこう語った。「山月記を読みながら、私はすごく考え込んでしまいました。頭の中で、想像すること、イメージすることには限界がある。私は虎にはなれない。でも、虎になった李徴が何を語りたかったのか、李徴にしかわからない想いを私は自分のからだで感じてみたい」。私は考えた。とことんみんなで山月記を深く読み込むことができたなら、最後に「李徴」に出てきてもらおう。そうだ、「からだで感じる」体験として「ホット・シーティング」に挑戦してみようと。

「ホット・シーティング」とは、学習者の一人が登場人物になりきり、中央に設置した椅子（ホットシート）に座り、他者からの質問に答えるというドラマ技法である。「山月記」の読解を深めた後に「ホット・シーティング」を考えたのには理由がある。初めて「山月記」を読んだ日、多くの生徒から「言葉が難しい」「漢語が多い」「日本語じゃない」のコメントがあったから。「からだで感じる」ために、まずは「山月記」の世界をいかに生徒自身の世界に引き寄せることができるかが鍵だ。これが十分にできて初めてホット・シーティングが活きるのだから。そこで、「山月記」への旅においては生徒の生活世界とテクスト世界をつなぐために多くの素材を用意した。とりわけ生徒が興味をもったのが、次の四つのトピックだった。①科挙制度と現在の受験制度との比較②精神的疾患はいかなる要因によって発症するのか③「智恵子抄」と重ねながら「壊れていく私」を考える④キューブラー・ロス『死ぬ瞬間』における「死にゆく過程」五段階と李徴の語りを比較する。これらの活動を通し「山月記」の世界を新たな視点から見つめ始めた生徒たちは、最終日六月三〇日、咆哮する最後の一行を行なった時、「先生、これで山月記終わるの？　さびしいです、もっとやりたいです」と口々に言い始めた。そこで、私は話し始めた。「最初にみんなに感想を言ってもらったとき、李徴にいろいろ訊いてみたいと言った人がたくさんいましたよね。そこで、提案です。どなたかが李徴になってこの椅子に座っていただき、その李徴にみんながいろいろ尋ねるっていうのはどうですか？」「わー、おもしろそう。やりたい、やりたい」と大歓声があがり「ホット・シーティング」による「山月記」のドラマが始まった。このホット・シーティングという手法は、「いま、ここで」李徴になった人物に仲間たちが「質問」し李徴役の生徒が「応える」という一回限りのプロジェクトである。生徒たちがいかなる問いを発し、李徴役の生徒がそれにいかに応えるのか全く想定不能の試みである。しかし、生徒たちは対話による読解活動を通し「山月記」の登場人物に共感し、それを一人一人の体験に終わらせるのでなく、クラスの仲間たちとシェアしたい、そんな思いを強く抱き始めていた。

「からだで感じてみたい」と最初に感想を述べたメイさんが李徴役に立候補し、椅子に座る。ホット・シーティングという未知のドラマに向け、期待と緊張でシーンとなっている教室、「それでは、ここに座っている李徴への質問を始めたいと思います。どなたか、訊きたいことがあるかた…」「はい、お尋ねします」。仲間たちが次々に問いを発し、メイ李徴が応える。その教室空間において繰り広げられたドラマの一部をここに紹介したい。

(Q：質問役の生徒・全て異なる生徒たちである　M：李徴役のメイさん)

Q：袁傪に会った時、あなたは、どんなことを思いましたか？

M：驚きました。まさか、出会うとは思ってもみなかったからです。こんな姿になっていますが、自分が人間でなくなってしまう前に、最後に袁傪に会えて嬉しかったです。

Q：どうして嬉しかったのですか？

M：袁傪は私の唯一の友だちだったからです。自分のいろいろな面、気取っていたり、

いやみな奴だったり、そんな私を哀惨はまるっと受け止めてくれてたからです。

Q：虎になる前、ものすごく、ヤバイ状態のときに、なぜ、袁傪に会いにいって相談したりしなかったんですか？

M：それは、自分にとって、一番大切な友だからこそ、自分のみっともない姿や状態を見せられないという思いがあったからだと思います。変なプライドです。でも、大事な人だからこそ、しかも、尊敬している友人だからこそ、自分の弱い、哀しいところは見せられないって思ったんです。

Q：そのプライドがあなたにとって一番やっかいなものだったとは思いませんか？

M：思います。でも、人はプライドをなくしたら生きていけません。私が私であるために、一番大切なよりどころは、やっぱり、プライドだったから…。

Q：あなたの奥さんは、あなたのその自尊心については、どのように感じていたと思いますか？

M：受け入れてくれていたと思います。妻は確かに私の気持ちをわかってくれましたが、わかってというか、私がやりたいことを受け入れて、仕事をやめることも、詩業に専念することも認めてくれました。

Q：あなたにとって最大の理解者がすぐそばにいたということになりますが、奥さんがあなたを認めてくれるだけではだめなのですか？

M：そうです、だめです。私にとって私が認められるということは、自分の詩を人々が認めたたえるという高い評価を受けることだからです。

Q：なぜ、そこまで、あなたは、人の評価を気にしていたんですか？

M：それは、さっきも言いましたが、評価されてこそ私が私として生きる意味があるからです。そう。でも、他人といっても、誰に評価されるかが重要だったんです。ある意味、妻は、私を評価してくれたと思います。なんせ、科挙の試験に一発で通った私ですから、私の才能を信じていてくれたと思います。でも、私は詩がわかるひとびと、インテリたちに認めてもらいたかったのです。

Q：だんだん虎になっていくその過程で思ったことを教えてください。

M：人間としての思考ができなくなること、正確にいえば、自分が自分であるという認識をもてない時間がたくさんあるということは、私にとってどうしても受け入れがたいことなのです。でも、次第に、あきらめのなかで、人間であったことが夢の中のできごとのような気もしてきましたが…。

Q：もし、もう一度だけ人間にもどれるとしたら、何がしたいですか？

M：詩を書きたいです、そして発表したいです。

Q：最後に、あなたが、私たちに姿を見せて二声三声咆哮しましたが、その声を人間の言葉で聞かせてください。

M：…さよなら…さよなら…

メイ李徴の「…さよなら、さよなら…」で、教室は水を打ったようになった。そしてあちこちからすすりなきが漏れた。生徒たちはいつしか、メイ李徴の語りにひきこまれ李徴がまさにそこで生きているかのように感じていたのだった。息をひそめ、黎明の中で、李徴の語りに耳を傾け、泣き、怒り、そして深く哀しむ姿に触れ、このとき初めて私たちは李徴の苦悩を共有する「語りの共同体」の一人になり得たのかもしれなかった。

## 声が、言葉が響くとき、そこに物語が生まれる

ささやかな毎日の中の、うれしいこと、かなしいこと、つらいこと…そんな想いが小さな声に、言葉になって語られる時、いつもそこに物語が生まれていった。大切な人がある日突然いなくなってしまった時、心から信じていた人にある日いきなり裏切られた時、「心がくだける」ということが本当なのだと、私もわかった。それは、比喩表現なんかではなかった。本当に心がくだけたのだ。くだけた心のかけらをながめながら、声を、言葉を失った私のそばにはいつも誰かがいてくれた。そっと、そばにいてくれた。「そばにいるよ」と呼びかけるその声が、私のからだに、心に触れたとき私は決めた。そのくだけた心を、ひとつずつ、ひとつずつ、拾い集めていこうと。私は、はっと気づいた。そう、

私が今まで行ってきたこと、それは、生徒たちの「小さな声」が生まれるのをじっと待ち続けること、そして、その「小さな声」が、言葉になって「小さな物語」を紡ぎだすのを見守ることとだったと。

学校という空間の中で、「今－ここ」に生きる生徒たちが、流れる時間の中で「わたし」について考え始めるとき、それは様々な「語り」となって現れた。そして、その「語り」は、それを受け止めてくれる他者の存在をせつないまでに希求する、他者へのよびかけの声でもあった。生徒たちは言う「生きることは表現すること」だと。辛い現実にぶつかったとき、どうにかして、その現実をうけいれようとするとき、私たちは、生きるために「物語」をこしらえる。「生きることは哀しい」と言った農業高校の生徒のつぶやきは、生きることのさびしさの根源を白日のもとにさらしてみせた。それでも、だれもが「物語」を紡いでいくしかないことも、彼らは、彼女らは、私に教えてくれた。

今日も私は、語り続けていきたいと思う。どこかで生まれる「小さな物語」を、あの千夜一夜物語のシェヘラザードのように。

# あとがき

一二月の午後、その日も風の強い日だった。研究室のドアをノックする音がした。「春風社の木本早耶です」。そう名乗る女性を見たとき、私はあまりの懐かしさで胸がいっぱいになった。遠い昔の教え子に、早耶さんはそっくりだったから。忘れていた思い出が一気に押し寄せ、胸がざわざわする中、いきなり早耶さんがこう言った。「先生、御本をだされる予定はありませんか？」。私の物語は、すべて、ここから始まった。

私は小さい時から誰かが語る物語を聞くのが大好きだった。子どもは向こうに行きなさい、そう言われても、どうしても大人の話を聞きたくて、いつも耳をすませていた。もっともっといろいろなお話を聞きたい……そう思って大きくなった私にとって、本は最高の友達だった。まだ見ぬ世の人々が、私に向けて語ってくれる物語、その中で、私は、いつも一人の主人公だった。自分の目で、耳で、からだ全部でその物語世界を生きていく。物語に没入し、嬉しいこと、哀しいこと、辛いこと、淋しいことを共に経験しているうちに現実と虚構の区別がなくなることもしばしばだった。だから、高校の漢文の授業で「荘周夢で胡蝶となる」の一節「蝶が私か、私が蝶か」の世界に出遭ったとき、いたく感動した。ああ、ここに私と同じ考えの人がいたと。しかし、その発言に教室はざわめいた。「やっぱり、サッチンは、ヘン！」「蝶が私か、私が蝶か…」。私の根っこをずっと流れるその思いが、やがて現実と虚構を往還するラジオドラマの世界へと私をいざなっていった。

生徒の声を集め紡いでいった小さな物語であるラジオドラマに、春風社の三浦衛社長が興味をもってくださった。それがこの本が生まれるすべての端緒である。かつて高校教師をしておられた三浦さんは、生徒達の語りが生まれ、それがラジオドラマへと発展していくプロセスをぜひとも語ってほしいとおっしゃった。そして、本の始まりは私自身の「ことばが劈かれるとき」から始めてほしいと。その言葉を聞いたとき、私は正直からだが震えた。そして、決意した。私の尊敬する竹内敏晴さんへのオマージュをこめて、私自身のほんとうの物語を語ることから始めようと。

自分の物語を語り始めたとたん、忘れていたはずの記憶がぱあっとよみがえり、しばらく動けないほどだった。いったいどれほどの出会いと別れを繰り返し、今私はここにいるのだろう。もう一度会いたい、そう思う人々と記憶の中で邂逅するとき、ときに途方もない淋しさと哀しみに胸が疼くこともあった。あのとき、手をふっていれば…、あのとき、ちゃんとさよならを言っていたら…、やり直すことのできない後悔の念でいっぱいになった。でも、同じくらい、別れた人々が「ここにいるよ」「そばにいるよ」と言って応えてくれることも少なくなかった。教室の空気が、あの時のざわめきが、今ここで感じられるような気がし、心があたたかくなることもしばしばだった。

私が出会ったたくさん生徒達、彼ら彼女らの声は、今でも私の心にまっすぐ響いてくる。嘘偽りのない、ほんとうの物語の持つ力は、人に勇気を与えることを、私は生徒達から教わった。生徒の語りは、思いを言葉にしたというものとは異なる、純度の高い、深い内容のものばかりだった。辛さや哀しみをそのままぶつけてくる語りは一つもなかった。彼ら、彼女らは、苦しみや悲しみを「物語」に変えて私に届けてくれた。それはあたかも、哀しく辛いことを、一つの美しい物語に変換することで生きていこうとする努力の結晶でもあった。同時に、彼ら彼女らは、切ないまでに語りを受け止めてくれる聴き手を希求していた。

かけがえのないひとつひとつの「語り」に耳を傾けてくださった読者の皆様、本当にありがとうございました。心からお礼を申し上げます。

私はこれからも、多くの人のそばにそっと寄り添い、語りを記憶し、それをたくさんの人に語り続けていきたい、そう思っています。

二〇一四年　初夏

【著者】青木幸子（あおき・さちこ）
昭和女子大学総合教育センター准教授

一九五六年山口県生まれ。昭和五四年九州大学教育学部教育心理学科を卒業後、山口県立萩高等学校、山口中央高等学校、山口農業高等学校、宇部高等学校で、国語科教師として勤務。平成一五年お茶の水女子大大学院人間文化研究科を終了ののち、高校教師と並行しつつ、九州大学大学院芸術工学府にすすみ、平成二一年に学位を取得。平成二一年からは、跡見学園中学高等学校の教師と跡見学園女子大学とを兼任し、平成二五年四月一日より昭和女子大に勤務し教職科目全般を教えている。「聴くこと・話すこと」という対話によるコミュニケーション活動のなかから生まれるドラマ活動が学校現場の中で人間関係を構築し、学校空間をエンパワメントするものとして〈共創教育〉という概念を提示、その創出を模索している。「表現指導における一つの実践報告～豊かな話し言葉を求めて～』『僕の話を聞いてください」（月刊国語教育研究）、「ラジオドラマ制作による表現教育マネジメント～命をめぐる声のプロジェクト～」（国語教育研究）、共著『相互交流能力を育てる説明・発表学習』『心を育む国語科教育をつくる』（明治図書）『学びを変えるドラマの手法』『学びへのウォーミングアップ』（旬報社）他。

**物語が始まるとき　共創教育の現場から**

二〇一四年九月九日　初版発行

著者　青木幸子《あおきさちこ》

発行者　三浦衛

発行所　春風社　Shumpusha Publishing Co., Ltd.
横浜市西区紅葉ヶ丘五三　横浜市教育会館三階
〈電話〉〇四五・二六一・三一六八　〈FAX〉〇四五・二六一・三一六九
〈振替〉〇〇二〇〇・一・三七五二四
http://www.shumpu.com　✉ info@shumpu.com

装丁　長田年伸

印刷・製本　シナノ書籍印刷株式会社

乱丁・落丁本は送料小社負担でお取り替えいたします。

ISBN 978-4-86110-415-2 C0037 ¥1800E
JASRAC 出 1407494-401